# A ECONOMIA *dos* DESAJUSTADOS

ALEXA CLAY
KYRA MAYA PHILLIPS

# A ECONOMIA dos DESAJUSTADOS

**ALTERNATIVAS INFORMAIS PARA UM MUNDO EM CRISE**

TRADUÇÃO
Caio Pereira

figurati

A economia dos desajustados: alternativas informais para um mundo em crise
*The misfit economy: Lessons in Creativity from Pirates, Hackers, Gangsters and Other Informal Entrepreneurs*
Copyright © 2015 by Alexa Clay and Kyra Maya Phillips
Copyright © 2015 by Novo Século Editora Ltda.

**GERENTE EDITORIAL**
Lindsay Gois

**GERENTE DE AQUISIÇÕES**
Renata de Mello do Vale

**EDITORIAL**
João Paulo Putini
Nair Ferraz
Rebeca Lacerda
Vitor Donofrio

**ASSISTENTE DE AQUISIÇÕES**
Acácio Alves

**TRADUÇÃO**
Caio Pereira

**REVISÃO**
Gabriel Patez Silva

**PREPARAÇÃO**
Samuel Vidilli

**CAPA**
Débora Bianchi

**DIAGRAMAÇÃO**
João Paulo Putini

Texto de acordo com as normas do Novo Acordo Ortográfico da Língua Portuguesa (1990), em vigor desde 1º de janeiro de 2009.

**Dados Internacionais de Catalogação na Publicação (CIP) (Câmara Brasileira do Livro, SP, Brasil)**

Clay, Alexa
A economia dos desajustados : alternativas informais para um mundo em crise Alexa Clay, Kyra Maya Phillips ; tradução Caio Pereira.
São Paulo : Figurati, 2015.

Título original: The misfit economy : lessons in creativity from pirates, hackers, gangsters, and other informal entrepreneurs

1. Criatividade nos negócios 2. Empreendedorismo 3. Inovação tecnológica 4. Setor informal (Economia) I. Phillips, Kyra Maya. II. Título.

15-08976      CDD-331.54

**Índice para catálogo sistemático:**
1. Empreendedores informais : Economia   331.54

NOVO SÉCULO EDITORA LTDA.
Alameda Araguaia, 2190 – Bloco A – 11º andar – Conjunto 1111
CEP 06455-000 – Alphaville Industrial, Barueri – SP – Brasil
Tel.: (11) 3699-7107 | Fax: (11) 3699-7323
www.novoseculo.com.br | atendimento@novoseculo.com.br

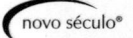

(novo século®)

# SUMÁRIO

**PARTE 1 – INOVAÇÃO MARGINAL**

Introdução   9

**Capítulo 1**. A filosofia do desajustado   29

**PARTE 2 – LIBERTANDO SEU DESAJUSTADO INTERIOR**

**Capítulo 2**. Jeitinho   63

**Capítulo 3**. Cópia   95

**Capítulo 4**. Hackear   133

**Capítulo 5**. Provocar   171

**Capítulo 6**. Girar   197

**PARTE 3 – A REVOLUÇÃO DESAJUSTADA**

**Capítulo 7**. Seguindo a trilha dos desajustados   237

**Capítulo 8**. Conclusão   261

Agradecimentos   265

# PARTE 1

# INOVAÇÃO MARGINAL

# INTRODUÇÃO

"Estou falando demais?", Sam Hostetler, fazendeiro *amish* de Miller, Missouri, pergunta pela terceira vez antes de continuar contando a história sobre como ele, um fissurado em animais exóticos, começou a ordenhar camelos.

Hostetler é filho de cristãos devotos naturais de Tampico, Illinois, "a mesma cidade (onde) nasceu Ronald Reagan". Quando tinha nove anos, a família mudou-se para uma fazenda em Buffalo, Missouri. O pai montou um negócio no ramo da construção e tornou-se bispo na igreja da comunidade. Sam e os irmãos foram criados para ser gente de moral, obediência e mente aberta. Ele se casou com Corlene, sua atual esposa, quando tinha 20 anos, conhecendo-a, portanto, "desde sempre", diz ele, rindo.

Quando Hostetler era um menino, todos comentavam sobre a afinidade dele com coisas que fugiam um pouco do comum. "Sei lá. Acho que sempre gostei de desafios", reflete.

Hostetler recorda como esse amor pelo incomum fez com que ele se interessasse por galinhas exóticas – pássaros de cauda comprida, diferentes das galinhas comuns. Tudo começou quando ele tinha nove anos e seus pais compraram 25 desses animais: foi assim que nasceu o interesse eterno de Hostetler por animais incomuns.

Sua carreira como fazendeiro começou com avestruzes. Criou e vendeu esses bichos por um tempo, mas depois começou a procurar animais ainda mais exóticos. Comprou hipopótamos e rinocerontes – e tornou-se, como gosta de se chamar, um "fazendeiro de animais alternativos". Sam está no ramo há quase 30 anos.

Até que, numa tarde, uma médica de Missouri ligou, começando a conversa com uma pergunta incomum: "Já ouviu falar de camelos de leite?".

Até mesmo Hostetler nunca tinha ouvido falar de algo assim nos Estados Unidos. A médica disse que queria dar leite de camelo a um de seus pacientes e imaginou se Hostetler saberia onde ela poderia encontrar. "Bom, todo mundo sabe que fiz umas coisas malucas ao longo dos anos; mais uma não vai fazer mal", Hostetler respondeu.

Pouco após a ligação, Sam começou a planejar sua entrada no ramo do leite de camelo que, até onde ele sabia, não existia nos Estados Unidos na época. Para ele, havia certo apelo em criar um novo fluxo de renda, mas ele foi atraído para o ramo do leite de camelo principalmente "por ser diferente". Começou com um investimento bem modesto, comprou uns poucos camelos, até que o rebanho chegou a cerca de 30 animais. Ele aprecia o desafio, fazer algo incomum, e parece ter afinidade com os animais. "Eu gosto mesmo dos camelos. Não são bonitos; são feios, mas gosto deles", diz Sam.

☠ ☠ ☠

Chamado de "o ouro branco do deserto", o leite de camelo é visto por alguns como um elixir quase mítico. Possui supostas qualidades medicinais, principalmente se consumido cru, sem pasteurização, com gente de todo o mundo alegando que após o uso melhorou sintomas de doença de Crohn, autismo, diabetes, Alzheimer e hepatite C. Alguns chegam a afirmar que o leite alivia certos sintomas da AIDS.

O leite tem profundas raízes históricas e religiosas. Para muitos, é uma experiência espiritual: o profeta Maomé supostamente ordenou a alguns de seus companheiros que o bebessem como remédio natural. Usado por séculos no Oriente Médio por nômades e beduínos para ajudar a sustentá-los na travessia do deserto, com seu duro clima árido, o leite de camelo há muito é valorizado por suas propriedades curativas. Diz-se que ele fornece mais cálcio absorvível do que qualquer outro tipo de leite e é mais fácil de digerir;

não gera alergia e é anti-inflamatório. Pais de autistas alegam que o leite ajuda os filhos com suas habilidades motoras e sistema digestivo. Embora a crença nas propriedades medicinais do leite seja amplamente sustentada, boa parte da evidência de seus efeitos em desordens e doenças continua apenas anedótica.

Apesar de popular na Ásia, no Oriente Médio e na África, o alimento foi sempre amplamente ignorado nos Estados Unidos. Apenas nos últimos cinco anos um mercado embrionário – uma verdadeira economia desajustada – começou a se formar, reunindo um grupo diverso de personagens improváveis, incluindo fazendeiros *amish* como o próprio Sam Hostetler.

☠ ☠ ☠

A demanda pelo leite de camelo deu a famílias como a de Hostetler uma renda contínua e sustentável. Outros fazendeiros *amish* e menonitas uniram-se a ele, compraram camelos quando se tornaram disponíveis e formaram pequenos rebanhos em suas fazendas. Falamos com Marlin Troyer, outro dos fazendeiros que entraram no ramo. Menonita que mora e trabalha em Branch, Michigan, Troyer nos contou como sua entrada no ramo permitiu que sua fazenda crescesse de dez para oitenta hectares no decorrer de quatro anos. A demanda pelo leite de camelo, segundo ele, "permite que minha família e eu façamos os pagamentos necessários para manter nossa fazenda firme e em ordem".

Hostetler também começou a vivenciar crescimento na demanda pelo leite de camelo, o que o levou a montar a Laticínios Humpback, uma associação particular por meio da qual ele vende seu produto. A maioria dos fazendeiros *amish* do ramo vendem por meio de diversas permutações desse modelo.

O leite de camelo *in natura* é vendido dessa forma porque vender assim ao invés de pasteurizado (independentemente da fonte – inclusive o de vaca) é ilegal em muitos estados. O que é legal é consumir o produto dos animais que você possui. Então Hostetler, sua família e aqueles que compram os animais, ao aderir à associação Laticínios Humpback, podem consumir o leite produzido pelo rebanho de camelos.

Boa parte dos negócios feitos por Hostetler chegaram por referências, pelo boca a boca e por recomendações de familiares. Isso mudou quando um estudante de 23 anos da Universidade do Sul da Califórnia bateu à porta dele.

☠ ☠ ☠

Walid Abdul-Wahab, nativo da Arábia Saudita, chegou aos Estados Unidos em 2009 para cursar Administração na Universidade do Sul da Califórnia, na Marshal School of Business. Pouco após a graduação, em setembro de 2013,

Abdul-Wahab tornou-se a primeira pessoa a estabelecer uma revenda de leite de camelo nos Estados Unidos.

O empreendimento passou por muitos desafios, dada a ilegalidade de distribuir leite de camelo *in natura* pelas fronteiras dos estados, a proibição do consumo de leite não pasteurizado em diversos estados e a pequena população de camelos dos Estados Unidos. Contudo, com admirável determinação, Abdul-Wahab procurou navegar por entre esses e outros obstáculos (incluindo investigação constante da parte da Vigilância Sanitária dos EUA) em busca de seu objetivo comercial.

A gênese da Desert Farms, empresa de Abdul-Wahab, começou numa viagem dele até sua terra natal, a Arábia Saudita, durante o segundo ano de faculdade. A visita coincidiu com o feriado muçulmano tradicional do Ramadã, durante o qual os praticantes da religião devem jejuar todos os dias do nascer ao pôr do sol por um mês. Numa noite, um amigo chegou para ele com o que ele diz ter sido um saco muito pouco apetitoso de leite de camelo, que vazava. "Não foi muito atraente no começo", diz ele.

Quando Abdul-Wahab perguntou onde o amigo tinha conseguido aquilo, este respondeu que tinha viajado 20 quilômetros deserto adentro e pegado com um beduíno.

No instante em que Abdul-Wahab tomou o leite, ficou apaixonado. Alguns dias depois, teve uma ideia: levar esse leite para os californianos adeptos de produtos naturais. Quando surgiu um projeto numa disciplina de empreendedorismo, ele começou a pesquisar a situação da produção de leite de camelo nos Estados Unidos. Queria ter certeza de que o mercado existia.

Abdul-Wahab descobriu que sim, embora fosse algo ainda muito singelo. Apenas um punhado de gente como Sam Hostetler e Marlin Troyer tinha e ordenhava camelos, e, como já descrito, vendia o produto somente por meio de cooperativas. Abdul-Wahab fez uma comparação com o Clube de Compras Dallas, fundado por Ron Woodroof, tema do filme de mesmo nome indicado ao Oscar de 2013. Woodroof, que sofria de AIDS, contrabandeou para os Estados Unidos drogas farmacêuticas ilegais que descobriu que tinham melhorado sua saúde. Querendo vendê-los a outros, ele e um parceiro fundaram o Clube de Compras Dallas, que distribuía as drogas àqueles dispostos a se afiliar e pagar mensalidade.

"Não precisava ser como remédio", Abdul-Wahab nos contou. "As pessoas acreditam que o leite de camelo faz bem... [e] se está fazendo bem às pessoas, não queremos criar um mercado negro para ele."

Então ele fez um projeto no qual desenvolvia suas aspirações de levar a bebida para o mercado aberto. Fez propaganda nos jornais: "Tem camelos? Ordenhe-os!". Viajou por todo o país para encontrar criadores de camelo. Encontrou alguns que já andavam ordenhando os animais e vendendo o produto por meio de associações privadas. Contudo, muitos donos de camelos apenas alugavam-nos por dez semanas ao ano, para serem usados nas representações natalinas. Abdul-Wahab começou a vender-lhes a ideia de que o leite de camelo poderia tornar-se uma nova e sustentável forma de renda.

Ele firmou um contrato exclusivo com sete fazendeiros *amish* dos estados de Colorado, Michigan, Ohio, Missouri, Pensilvânia e Texas. Estabelecer tal relação não foi uma tarefa fácil. Com o rígido posicionamento deles contra a tecnologia, era difícil manter a comunicação. "Um belo aperto de mão era tudo que eu tinha como garantia do negócio", disse ele.

Por ser muçulmano, Abdul-Wahab disse que podia conectar-se com os *amish* no sentido de também ser julgado por suas crenças religiosas. Ele paga aos fazendeiros pelo trabalho e pelo leite em si (oito dólares por galão), e fornece todo o maquinário e suprimentos para ordenhar os animais e envasar o leite.

Embora Abdul-Wahab passe boa parte de seu tempo discutindo com a Vigilância Sanitária dos EUA – que fez diversas batidas em fazendas de camelos com as quais ele trabalha –, ele e sua equipe ("eu, os fazendeiros e os camelos") conseguiram que 70 lojas da Whole Foods vendessem seu leite pasteurizado. A Desert Farms também distribui leite de camelo *in natura* por pequenas mercearias em todo o país.

Era esse objetivo – colocar o leite de camelo para vender na Whole Foods – que ele tinha em mente quando começou a desenvolver o negócio. Perguntamos se ele acha que chegou ao sucesso. Com sua voz baixa, porém expressiva, ele nos dá um ressoante "não". Seus pais eram refugiados palestinos que se conheceram enquanto se escondiam num apartamento durante a primeira guerra libanesa. Na época, o pai tinha 24 anos e já tinha juntado seu primeiro milhão. Ele, junto do irmão mais velho de Abdul-Wahab, toca um negócio familiar na área do aço, que supre projetos do governo da Arábia Saudita. Abdul-Wahab nos conta como o pai brinca que mandou o filho para uma das principais faculdades de Administração da América, e mesmo assim ele acabou virando fazendeiro. Com a família constantemente cutucando-o para começar uma carreira no mercado financeiro, Abdul-Wahab sente-se como um desajustado, constantemente tentando provar a virtude de sua missão.

Embora tenha batido 100 mil dólares de lucro seis meses após estabelecer sua operação, ele ainda espera causar mais tumulto na indústria de bebidas. O mercado de alternativas ao leite de vaca (soja, amêndoa, arroz, coco) cresceu 30% desde 2011.[1] Ao mesmo tempo, o consumo de leite de vaca tem declinado, de 124 kg per capita em 1970, para 90 kg em 2012.[2] De acordo com Abdul-Wahab, o leite de camelo

---

1  PASSY, Charles. "At $18 a Pint, Camel's Milk May Make You Healthy, Poor". In: *Market Watch*, 14 jun. 2014. Disponível em: <http://www.marketwatch.com/story/got-camel-milk-2014-06-13?dist=beforebell>.
2  BENTLEY, Jeanine. "Trends in U.S. Per Capita Consumption of

pode adentrar as fileiras da indústria bilionária de alternativos para laticínios na América.

☠ ☠ ☠

Sam Hostetler e Walid Abdul-Wahab são, cada um a seu modo, *desajustados*, e vêm trilhando um caminho não convencional no mundo do comércio de leite de camelo. Entretanto, com tais desajustados podemos aprender muito sobre ingenuidade e determinação. Sobre a inclinação humana inata de criar, construir e explorar uma oportunidade.

Por definição, um desajustado é "uma pessoa cujo comportamento ou atitude a separa dos demais de modo desconfortável e conspícuo".[3] Enquanto alguns desajustados – como Sam e Walid – são meramente pouco convencionais, muitos outros são considerados marginais – vigaristas, patifes, vagabundos, gângsteres, hackers e ermitões – e constantemente enfrentam ceticismo e suspeita. Contudo, em todo o mundo, em cidadezinhas e metrópoles, existem desajustados atuando de modo mais criativo do que algumas das maiores empresas do mundo, desenvolvendo soluções

---

Dairy Products, 1970-2012". In: *United States Department of Agriculture*, 2 jun. 2014. Disponível em: <http://www.ers.usda.gov/amberwaves/2014-june/trends-in-us-per-capita-consumption-of-dairyproducts,-1970-2012.aspx#.U94KUYBdWwG>.

3  *The Oxford English Dictionary*. Oxford: Oxford University Press, 2012.

para desafios que os negócios tradicionais não conseguem nem tocar.

Os personagens sobre os quais você vai ler neste livro encontram-se em navios piratas. Fazem parte de gangues e participam de coletivos de hackers. Estão nas ruas apinhadas de Shenzhen, nas prisões da Somália, nas cidades costeiras inundadas da Tailândia. Habilidosos e criativos, leais e astutos, são favelados, dissidentes, foras da lei.

Podemos chamar de mercado cinza, mercado negro, economia informal. Mesmo de mercado obscuro ou economia improvisada. Nós aqui chamaremos de Economia dos Desajustados. Seja qual for o termo, desajustados inovadores habitam um mundo diferente – um mundo que, segundo a sabedoria convencional, não deveria ter nada a ver com negócios tradicionais e os principais mercados. Contudo, longe de serem depravados que representam uma ameaça para nossa estabilidade socioeconômica, esses empreendedores desajustados são pioneiros em novos modos de pensar e operar, estabelecendo novas práticas mais eficazes que podemos todos aprender e aplicar nos mercados formais.

Este livro investiga as verdadeiras histórias da inovação *underground* e destila os cinco princípios-chave da Economia dos Desajustados. Essas histórias e princípios baseiam-se em nossa pesquisa original, que começou em 2011 com um foco nos empreendedores sociais e inovadores da economia informal, mas logo se expandiu para incluir o mercado negro e comunidades artísticas e ativistas, assim como desajustados infiltrados que trabalham para transformar algumas de nossas instituições mais bem estabelecidas. Após pesquisar mais de cinco mil casos já estudados, estreitamos nossa seleção para os 30 melhores, que resolvemos explorar mais a fundo.

Nossa intenção: lançar luz sobre os desajustados que operam em diversos pontos do globo, campos de atuação (artes, tecnologia, ativismo, mercados negro e informal) e períodos de tempo (procuramos histórias de desajustados contemporâneos e históricos). Além da diversidade, os 30 melhores casos tinham que entrar no critério de originalidade. Esses desajustados tinham de ser pioneiros num modo incomum, criativo e alternativo de trabalhar. Tinham de ser inovadores. E isso tinha que levar a algum tipo de ruptura – à transformação de uma atitude, norma ou prática organizacional.

Quanto mais sondávamos essas economias desajustadas, mais constatávamos que as economias *underground* e informais podem ser assoladas pelo mesmo nível de conformidade que se encontra na economia principal. Trabalhar para um cartel de drogas mexicano pode ser bem parecido a trabalhar para a Exxon: todos estão sujeitos a um sistema hierárquico de comando e controle. Foi por isso que a questão da inovação tornou-se o teste final para a seleção de histórias deste livro. Para não serem cortados, esses desajustados não podiam ser apenas marginais, mas deviam ser inovadores e quebrar paradigmas.

☠ ☠ ☠

Pense nos piratas somalis. A vida deles não envolve apenas roubo, é uma história de transformação: de uma indústria pequena, local e informal para um negócio grande, internacional e sofisticado que não somente apareceu na mídia de todo o mundo, mas também levou ao desenvolvimento de uma indústria antipirataria. É também uma história de oportunidades, ou melhor, sobre como se cria uma oportunidade de mercado onde não parece existir nenhuma.

A pirataria na Somália surgiu no início dos anos 1990 como resposta aos navios estrangeiros que pescavam ilegalmente em águas somalis. O país tinha vivenciado fazia pouco tempo o colapso de seu governo, e sua guarda costeira e naval não foi capaz de repelir efetivamente essa pesca ilegal. Enfrentando estoques de peixes diminuídos, uma economia em turbilhão e a impossibilidade de encontrar empregos alternativos, alguns pescadores colocaram-se a atacar embarcações de pesca estrangeiras.

Nesses primeiros anos, a pirataria na Somália era um negócio relativamente informal e grosseiro. Um ex-pirata com o qual conversamos, Abdi (não forneceu o sobrenome), comprovou o fato. Abdi nos contou que ele e os amigos atacavam traineiras estrangeiras em seus botes de pesca em Hafun, cidade costeira no nordeste da Somália. Ele formou o grupo reunindo amigos e familiares de seu clã, e dividia o lucro segundo o investimento de cada um.

Esses primeiros piratas – os pescadores lesados – eram, em essência, trapaceiros. Notaram que havia carga de valor cruzando suas costas; fazendo o que podiam com seus estoques parcos de peixe, avistaram uma chance de lucrar de modo diferente, embora ilegal. O país encontrava-se em desarranjo socioeconômico, e seu sustento ameaçado pelas traineiras estrangeiras que abordavam suas águas ilegalmente.

Em vez de aceitar seu destino, esses indivíduos tomaram as rédeas da situação. Não ficaram sentados, esperando que o governo resolvesse a bagunça. Não apenas continuaram pescando com sucesso cada vez menor. Em vez disso, reconheceram uma oportunidade e a tomaram. Tinham recursos limitados – apenas uma ideia e barcos de pesca –, porém motivados pela escassez e pelo desejo de lucrar, plantaram as sementes do que acabaria evoluindo para um movimento criminoso lucrativo e sofisticado.

De seu início informal, a pirataria na Somália evoluiu rapidamente, ganhando atenção internacional em 2008 com a captura do navio ucraniano MV *Faina*. O navio, que carregava carga militar – lançadores de granadas e tanques – foi solto pelos piratas depois que estes receberam 3,5 milhões de dólares como resgate. A operação foi profissional e serve como ilustração de como a pirataria na Somália acabou se desenvolvendo.

O MV *Faina* foi sequestrado por um grupo de piratas guiado por um homem que responde pelo nome Afweyne (que significa "Bocão"). Afweyne fundou os Fuzileiros Navais Somalis – um grupo de piratas intensamente treinado – depois de procurar e encontrar investidores para fazer do que antes era uma operação oportunista e desorganizada um negócio funcional e planejado. O grupo de Afweyne era bem organizado, e agia de modo muito similar ao de uma operação militar, com liderança hierarquizada delineando almirantes, vice-almirantes e tenentes.

Muitos pensam em Afweyne como sendo uma das figuras-chave responsáveis por transformar a pirataria somali de uma força fragmentada e autofinanciada para uma multimilionária indústria de alto investimento transnacional. Os despojos da pirataria logo seriam rastreados até a Índia e Dubai, com o dinheiro do resgate sendo reinvestido em equipamento e treinamento, mas também empregado no desenvolvimento do tráfico de *khat* (planta narcótica popular na Somália).

Para piratas como Afweyne, o uso de navios-mãe (em geral, *dhows* de pesca) distinguia os ataques deles dos de gerações mais novas, menos sofisticadas, de missões piratas. Montar a base no oceano, nesses navios-mãe, em vez de na margem, permitiu que os grupos profissionais estendessem seu alcance ao alto-mar, muito além das águas locais, permitindo que eles atacassem navios de carga maiores.

Alguns piratas com que conversamos nos contaram como, usando esses navios-mãe, partiam para rotas marítimas, esperando até avistar uma embarcação, e então lançavam um ataque oportunista com equipes de dois, às vezes três esquifes. Uma vez que os piratas tomavam controle do navio, manobravam-no até a margem, onde um negociador colocava-se a convencer a empresa de transporte e outros a aceitar pagar o resgate. Enquanto rolava a negociação, a economia local atendia os reféns e os piratas, fornecendo-lhes comida, água e *khat*. Gangues de piratas também empregavam cafetões para fornecer, às gangues, prostitutas, advogados e verificadores de notas que usavam maquinário para detectar dinheiro falso.

Outro pirata com o qual conversamos, Abdi Hasan, descreveu estratégia de ataque similar, falando de uma operação que era ainda mais organizada. Ao contrário das equipes de piratas que simplesmente partiam em direção às rotas de transporte e ficavam esperando para lançar um ataque oportunista num navio que por ali passasse, ele falou de como a organização dele era liderada por alguém que mora lá fora – "provavelmente Dubai", exclamou nosso informante – que fornecia a localização de um navio apropriado. Hasan e outros falaram de como os piratas tendiam a procurar navios mais lentos e maltratados com borda livre baixa (mais fáceis de entrar a bordo); e que preferiam atacar ao amanhecer, quando a visibilidade é baixa. Hasan nos contou que ele e outros soldados de infantaria eram pagos independente do resultado do ataque: se o navio fosse capturado, e o resgate, recebido, os piratas recebiam uma compensação mais alta; se não fosse, mais baixa.

Foi relatado que, no caso de uma missão de sucesso, os piratas recebiam entre 30 e 75 mil cada, e que o primeiro pirata a subir a bordo de um navio – e os que traziam arma ou escada própria – recebia bônus de 10 mil.[4] Eles podiam mascar *khat* e comer e beber a crédito, que era depois deduzido da parte deles no resgate, quando fosse recebido. Esse tipo de operação podia requisitar 30 mil de financiamento, geralmente fornecido por pescadores, ex-piratas, ex-policiais e oficiais militares, e traficantes de *khat*, que levavam entre 30 e 75% dos despojos.[5]

Essa diferença na estratégia – entre esperar e atacar um alvo que passasse, e saber exatamente onde ele se encontra e ir até ele – reflete a mudança no modelo de negócio: de uma indústria pequena e local para um negócio comercial com apoio internacional, movido por um grupo de inovadores (os líderes do negócio, os financiadores, os próprios piratas) que foram capazes de adaptar seu negócio de acordo com o potencial que tinha para crescer.

A pirataria somali foi abrindo caminho até a atenção internacional porque seus sucessos eram frequentes, amplos

---

4   Interpol, United Nations Office on Drug and Crime, World Bank. "Pirate Trails: Tracking the Illicit Financial Flows from Pirate Activities off the Horn of Africa". In: *The World Bank*, 4 nov. 2013.

5   *Ibid.*

(muito além das águas locais) e lucrativos. Um relato de novembro de 2013 feito em conjunto pelo Banco Mundial, a Interpol e os Estados das Nações Unidas afirmava que, desde o primeiro sequestro conhecido, em abril de 2005, algo em torno de 385 milhões de dólares tinham sido tomados como resgate em troca de 179 navios sequestrados.

O fenômeno também elevou o custo das vendas, causando estimados 18 milhões de dólares de gastos na economia mundial. Marinhas internacionais naturalmente intensificaram sua presença na região no intuito de conter a ameaça, embora os piratas fossem ainda mais inovadores em suas respostas a esforços maiores e mais concentrados para capturá-los. Cada pirata com que conversamos falou de como evoluíram para esquifes mais rápidos, melhoraram os métodos de comunicação – gastando bastante com telefonia por satélite – e portavam armamento mais pesado para arrombar as caixas-fortes dos navios.

☠ ☠ ☠

Embora os piratas somalis tenham ganhado ampla atenção internacional, muitos outros desajustados – como contrabandistas, catadores de lixo e vendedores de leite de camelo – estão sob os radares, operando nas sombras de modo muito furtivo. Eles representam a ingenuidade do mundo *underground*. Então, queremos saber: quem são esses vigaristas anônimos? Como eles trabalham? Como se organizam?

Como catalisam as inovações? Que desafios enfrentam? E – mais importante – o que podemos aprender com eles?

Uma ressalva, antes de prosseguirmos: visto que existe, sem dúvida, um lado negativo em parte da inovação, este livro não pretende fazer apologia à atividade criminal. Estamos cientes de que traficantes de armas distribuem equipamento que abastece genocídios. Cartéis do tráfico de drogas encorajam o vício debilitante. Traficantes de pessoas continuam a sustentar o condenável comércio da escravidão e do sexo por todo o globo. Não estamos tentando glorificar a imoralidade dessas ações.

Ao contrário, nosso argumento é muito simples: a economia livre de mercado não possui o monopólio da inovação. Embora diversas práticas inovadoras muito boas tenham sido e ainda serão destiladas dos Googles, eBays e Toyotas do mundo, nossa pesquisa revelou que não somente a inovação no meio *underground* foi deixada de lado como motor significante da economia, como também oferece *insights* únicos e de grande valia.

Enquanto outros livros que tratam da inovação documentam devidamente a criatividade e a ingenuidade de acelerados *startups*, estratégia corporativa e CEOs visionários, este livro salta fora do escopo convencional para mostrar uma visão mais ampla da economia mundial. Os mercados formais são apenas parte do todo. Tornaremos visível uma porção do restante.

CAPÍTULO 1

# A FILOSOFIA DO DESAJUSTADO

O Urban eXperiment (UX), grupo de hackers clandestino que conhecemos na França, tem como missão realizar experimentos coletivos positivos. Seus membros, entre outras coisas, passam boa parte do tempo usando as seções não autorizadas do sistema de túneis subterrâneos de Paris para invadir prédios e restaurar artefatos nacionais que foram, na opinião deles, negligenciados pelas instituições tradicionais do governo francês. Conhecidos como Untergunther, subgrupo do UX, são famosos por terem invadido o Panteão parisiense repetidamente por mais de um ano para restaurar um esquecido relógio do século XIX, para grande desgosto das autoridades francesas. Jon Lackman, escritor e jornalista, perguntou-lhes: "Por que fazem isso?".

Lazar Kunstmann, representante do grupo, respondeu com uma simples pergunta retórica: "Você tem plantas em casa? Você as molha todos os dias?".

Para o UX, consertar é sua segunda natureza. Eles se veem cumprindo a tarefa elevada de "cuidar dos artefatos esquecidos pela civilização francesa".[1]

Você deve estar se perguntando por que, então, invadir. Por que não forjar um negócio legítimo que ofereça tais serviços? Quando falamos com Kunstmann, ficou claro para nós que o UX trabalha mais rápido, mais limpo e de modo mais focado que qualquer instituição burocrática encarregada de cuidar e preservar tais artefatos da história e da cultura francesa. O UX sente-se responsável por preservá-los. Então fazem acontecer, do seu próprio jeito.

☠ ☠ ☠

O UX é um bando de desajustados. Eles sacodem as coisas – questionam autoridade, provocam, experimentam.

Quem são os outros desajustados ao nosso redor?

São os patifes que ameaçam a estabilidade dos negócios, como de costume. Os renegados que trabalham contra as bases de sua organização ou comunidade. Os inconformados que ficam mais empolgados com a ambiguidade, a

---

[1] LACKMAN, Jon. "The New French Hacker-Artist Underground". In: *Wired*, 20 jan. 2012. Disponível em: <http://www.wired.com/2012/01/ff_ux/all/>.

incerteza e a possibilidade do que com a realidade. Os rebeldes que quebram regras e desafiam as perspectivas dos outros. Os excêntricos que saem no braço com suas motivações mais profundas, abraçando sua própria estranheza. Os vagabundos que não têm medo de construir com base nas ideias dos outros e partilham livremente as suas, ainda que utópicas e distantes.

☠ ☠ ☠

Nascida em 1887, a médica britânica Helena Wright quebrou barreiras ao, sendo mulher, adentrar a profissão médica e como uma das primeiras defensoras da educação sexual e dos serviços de planejamento familiar, assim como intermediária importante no apoio aos processos de adoção.[2] Embora a adoção seja hoje uma prática muito comum (e uma indústria de 13 bilhões nos Estados Unidos), Wright foi pioneira no serviço. Em suas clínicas ela uniu mulheres que procuravam o aborto ou não podiam cuidar dos filhos a mulheres que buscavam crianças. Wright era uma figura radical na época, enfrentando o conservadorismo da sociedade, oferecendo métodos contraceptivos e educação sexual para um melhor planejamento familiar.

Wright formou, mais tarde, a National Birth Control Association [Associação Nacional de Controle de Natalidade] e

---

2   EVANS, Barbara. *Freedom to Choose: The Life and Work of Dr. Helena Wright, Pioneer of Contraception*. Londres: Bodley Head, 1984.

o International Committee on Planned Parenthood [Comitê Internacional de Planejamento Familiar]. Em seu livro *Sex and Society* [Sexo e sociedade] (1968), ela argumenta que os indivíduos deveriam desenvolver sua expressão sexual independente da paternidade ou maternidade. Ela foi pioneira da atitude "sexo positivo", argumentando que tal ato não deveria ser considerado como "sujo" ou digno de culpa.

Em sua vida pessoal, Wright era também um pouco desajustada – vivia um casamento aberto, conduzia sessões espíritas em sua casa e tinha interesse em astrologia e vida após a morte. Acreditava que "os imbecis de hoje eram os profetas de amanhã" e enfrentou oposição ao longo de toda a carreira da classe médica, dos operários e de um sistema legal que lutava para acompanhar suas inovações.

Desajustados como Helena Wright demonstram ingenuidade notável ao resolver problemas que muitos têm receio de até tocar, muito menos reconhecer. Desajustados fundamentalmente desafiam as práticas estabelecidas de instituições incumbidas para tal, ultrapassando limites e explorando oportunidades que outros eram avessos demais ao risco ou tradicionais em demasiado para seguir. Eles provocam novas mentalidades e atitudes, catalisando grandes debates na sociedade sobre questões como sexualidade, violência, direitos humanos, igualdade e educação. Desajustados de verdade não procuram apenas fornecer um substituto para um serviço existente; eles questionam se tal serviço é necessário, para começar.

Tomemos a indústria da educação como exemplo, na qual os desajustados, em vez de propor alternativas para os quatro anos de faculdade ou universidade, questionaram a base da educação formal como um todo (por meio do movimento antiescolarização) e procuraram transformar radicalmente a prática da aprendizagem em si.

Em seu livro *Don't Go back to School* [Não volte para a escola], a advogada autodidata Kio Stark dá os perfis de um número de desajustados que encontraram alternativas para a educação formal. Nas palavras de Stark, "meu objetivo era o oposto da reforma... Não se tratava de consertar o ensino [mas] transformar o aprendizado – e fazer do ensino tradicional apenas uma de muitas opções, em vez da única". Stark largou o programa de PhD porque o achava restritivo demais. Segundo ela, "as pessoas que abandonam a academia constroem suas próprias infraestruturas. Elas pegam emprestado e reinventam o melhor do que o ensino formal tem a oferecer".

Outro inovador na educação desajustada, Dale Stephens, fundou a UnCollege ["DesFaculdade"], cujo objetivo é oferecer currículo para aprendizagem autodidata. Ele resolveu que, em vez de ser ensinado por professores em salas de aula, ele buscaria mentores que o ensinariam o que ele queria aprender. Atualmente, graças em parte a desajustados como Stark e Stephens, a educação alternativa está rapidamente se tornando um mercado em crescimento, com plataformas on-line como a Skillshare e a Coursera, que oferecem alternativas para as graduações tradicionais. Mattan Griffel, ex-instrutor da Skillshare e agora fundador de sua própria *startup*, One Month Rails, aprendeu programação sozinho e quis tornar o processo de aprendizagem mais fácil e intuitivo para outros. Através da Skillshare, ele angariou mais de 15 mil alunos, ganhando mais de 30 mil dólares para ensinar uma única disciplina.

Esses instintos também têm dado frutos na área da saúde. Falamos com Stephen Friend, que desenvolveu um modo inovador de lidar com pesquisa relativa a doenças, enfrentando a abordagem acadêmica corrente, fechada, tradicionalmente baseada num sistema de compensação.[3] Através de sua empresa sem fins lucrativos Sage Bionetworks, ele juntou uma comunidade de cientistas de genoma e biomedicina comprometidos a partilhar modos de encontrar tratamentos e curas. Merck, uma empresa farmacêutica, foi uma das primeiras a contribuir com informações genéticas e clínicas que lhes custaram 100 milhões de dólares para desenvolver. Friend está trabalhando para convencer mais empresas farmacêuticas a doar informação pré-competitiva. Ele juntou financiamento misto do governo, da indústria e de fundações. Laboratórios importantes de instituições acadêmicas, incluindo Columbia, Stanford e a Universidade da Califórnia, também estão participando.

---

3   PAUL, Roshan; CLAY, Alexa. "An Open Source Approach to Medical Research". In: *Stanford Social Innovation Review*, 3 out. 2011.

Em vez de trabalhar para proteger a informação e ideias deles, Friend está convencendo os pesquisadores a partilhar e construir com base nos avanços uns dos outros na área. Lançada em 2009, a Sage Bionetworks está sempre on-line como depósito de dados e modelos, que Friend espera que se torne uma espécie de Wikipedia para as ciências da vida. Ele não está apenas oferecendo um novo serviço, mas transformando a pesquisa e o desenvolvimento.

## O QUE MOTIVA UM DESAJUSTADO?

A busca por reputação e estima é um dos motivos principais que permeiam toda a vida econômica. Adam Smith chamou isso de "espectador imparcial", que é que nos motiva para agir no intuito de receber a estima dos outros. E é uma força tão poderosa nos mercados negros quanto na economia formal.

Quem atua na área formal sente-se bem quando os demais aprovam ou reconhecem seu trabalho, em geral com um bônus, um aumento ou uma promoção. Os desajustados não são de todo diferentes; muitos ligam sim para a reputação. Artistas do grafite tentam impressionar uns aos outros escolhendo locais de risco. Hackers vivem mostrando suas habilidades e comprometimento postando suas vitórias on-line para os outros verem. Um manifestante do movimento Occupy Wall Street pode ter interesse tanto em se rotular como um agitador e procurar reconhecimento da comunidade de manifestantes como em causar transformação social. Na verdade, mesmo dentro do movimento Occupy, existe certa hierarquia de status rolando. Os que estiveram com o movimento desde o começo são conhecidos como "ocupantes do dia 1". Os manifestantes receberam honrarias de seus pares com base em quanto tempo estavam associados ao movimento, se tinham dormido no parque e se tinham sido presos. Ainda que não seja um MBA da Faculdade de Administração de Harvard, a inovação desajustada vive da moeda social que só pode ser recebida dos pares.

A visualização de ganhos financeiros é uma das grandes forças motivadoras na economia formal. O mesmo ocorre na economia desajustada, na qual isso, em geral, vem com reconhecimento e respeito. Um inovador que conhecemos ganhava mais de dois mil dólares por dia vendendo drogas. Ele disse que seguia essa vida porque lhe garantia respeito nas ruas e segurança financeira: "Eu era respeitado entre meus pares e até entre os mais velhos do bairro. Quando fiz 19 anos, tinha um carro legal, um apartamento lindo e nada de preocupação com grana".

Alguns dos outros desajustados descritos neste livro não são muito motivados pela busca de dinheiro. Muitos dos personagens que encontramos são motivados pela expressão criativa, a necessidade de resolver um problema, a maestria firme de uma habilidade ou arte, a vontade de proteger e defender sua comunidade ou a empolgação de se safar de enrascadas. Muitos desajustados concordariam com o artista e escritor Kahlil Gibran: "Dizem que sou louco por não vender meus dias por ouro; e digo que eles são loucos por acharem que meus dias têm preço".

Essas palavras apontam para uma espécie de consciência dupla – pegando emprestada uma expressão de W. E. B. DuBois – vivenciada pela maioria dos desajustados. Muitos têm uma noção apurada de "nós" e "eles". São capazes de entender, papaguear e manusear os valores do sistema formal quando precisam, mas também sustentam uma consciência separada.

Embora possa ser contraintuitivo, aparecem muitas motivações e justificativas altruístas atuando na economia desajustada. Conversando com o escritor e ativista Andrew Feinstein, descobrimos que até traficantes de armas às vezes acreditam que estão dando apoio aos desafortunados ou "empoderando" os oprimidos, gerando benefício à sociedade. Feinstein nos disse que não seria contraditório um traficante de armas pensar que está "armando os oprimidos para que estabeleçam a paz". O vigarista também possui uma moralidade distorcida. Um fraudador de identidades com quem falamos deixou claro que jamais seguiria alguém que achasse que "não aguentaria o tranco".

Em outros casos, as motivações dos inovadores desajustados são muito mais diretas: eles focam na sobrevivência, assim como na necessidade de proteger e defender a família, amigos, a comunidade ou o ganha-pão.

Um dos ex-piratas somalis com quem conversamos, Abdi Hasan, é um homem de 33 anos de Galkayo, cidade da porção centro-norte da Somália. Hoje ele mora na Prisão Hargeisa, instituição situada na Somalilândia (enclave que se separou e ficou independente da Somália em 1991), que abriga piratas condenados por sequestrar navios no Chifre da África.

Hasan resolveu virar pirata numa noite, após chegar em casa do trabalho, num hotel de Galkayo. Tinha 28 anos na época. "Fui um menino órfão", disse-nos num inglês entrecortado, mas inteligível.

Os pais pereceram durante a guerra civil somali, e como o mais velho dos filhos, ele teve que sustentar seis irmãos mais novos. Diariamente, em seu emprego no hotel, ele nos contou que ficava vendo os piratas aproveitando os grandes lucros, podendo comprar casas para a família, carros e sustentar o hábito de mascar *khat*. Faminto e desesperado por oferecer uma vida melhor à família, ele resolveu entrar numa dessas gangues.

Hasan foi soldado de infantaria durante sua carreira na pirataria, subindo a bordo e guardando os navios que seriam mais tarde atacados em troca do resgate. A vida de pirata durou cinco anos, época em que ele participou de oito missões, e em duas delas conseguiu receber o dinheiro do resgate. Foi capturado – após uma fracassada tentativa de escapar – pela frota somali da Força Naval da União Europeia, também conhecida como Operação Atalanta.

Perguntamos a Hasan como era ser pirata. "Era terrível", ele respondeu.

Elaborando mais, ele contou que foi traumático ver as pessoas nos navios sequestrados chorando, sem saber se iam viver ou morrer. "Sente-se culpado?", perguntamos. "Profundamente. Mas eu tinha fome", ele respondeu. E continuou explicando, através de nosso intérprete somali, que isso era maior que a culpa.

Enquanto Abdi Hasan falou da necessidade de sustentar a família, outros ex-piratas indicaram que pode ser muito tênue a linha que divide o ganho financeiro, de um lado, e o desejo de defender e sustentar a comunidade, de outro.

Nessas conversações, dois fatos foram citados repetidamente para a origem da pirataria na Somália: a falta de emprego sustentável e uma história de ataques estrangeiros no campo de pesca somali.

O colapso do governo da Somália em 1991 deixara o país num estado de fragilidade, incapaz de garantir segurança, saúde e prosperidade para a maioria dos habitantes. Simultaneamente, a polícia naval e costeira foi ruindo, e dessa maneira os pescadores que trabalhavam ao longo da costa somali perderam a proteção contra navios estrangeiros que pescavam ilegalmente nas águas do país. Incapaz de encontrar emprego alternativo, alguns desses pescadores passaram a atacar embarcações pesqueiras estrangeiras por todo o golfo de Aden, que forma parte da passagem do Canal de Suez, ligando o mar Mediterrâneo ao oceano Índico.

Essa história – do pescador pobre, desempregado e aflito que apenas toma de volta o que foi ilegalmente tirado dele – é muito forte. Embora os atrativos do dinheiro tenham sido e continuem sendo a razão principal para os somalis terem se voltado à pirataria, essa história traz vida para o movimento e representa uma racionalização interessante para engajar-se em comportamento ilegal e em geral violento.

Falamos com Jay Bahadur, escritor (*The Pirates of Somalia: Inside Their Hidden World* [Os piratas da Somália: dentro de seu mundo escondido]) e jornalista que passou um bom tempo na Somália. Ele nos disse que a pirataria somali em meados dos anos 1990 foi de fato primariamente o negócio de ex-pescadores e outros que atacavam traineiras estrangeiras que chegavam perto da costa. Os líderes iniciais do movimento, Bahadur disse, eram sinceros quanto ao fato de acharem que seu local de pesca tinha sido invadido. Para eles, aquele era um movimento de redenção pelo qual estavam aplicando multas sobre uma atividade ilegal. Essas primeiras gangues, depois, começaram a ensinar os métodos para outras pessoas, e o movimento espalhou-se por toda a Somália.

Contudo, desde esses dias antigos, a maioria dos piratas da Somália não teve mais histórico de pescaria. A pesca é uma atividade marginal, e não algo tradicional entre os somalis, e segundo Bahadur, menosprezada por muitos como forma de ganhar a vida. Essa história, desse modo, é apresentada a jornalistas e escritores por muitos dos piratas como um modo de justificar seu comportamento. "Além de para uns poucos pescadores aflitos das antigas", Bahadur nos disse, "essa história não é muito verdadeira".

A pirataria na Somália decolou mesmo no começo de 2008, quando o governo da região somali de Puntlândia sofreu colapso similar e tentou se tornar independente. Incapaz de pagar o salário dos soldados, o país vivenciou um excesso de homens jovens, armados e desempregados. Eles entravam em gangues de piratas em busca de um modo de ganhar dinheiro. A guarda costeira de Puntlândia chegou a treinar alguns dos piratas, no começo, para conduzir operações de abordagem e navegação. É essa combinação – um governo semiarruinado junto com alto incentivo monetário, risco baixo e a localização geográfica (que percorre o Golfo de Aden e o Oceano Índico) – que pode ser considerada o catalisador para a explosão do movimento de pirataria na Somália.

Mohamed Omar – que atuava em Eyl, cidade do estado autônomo de Puntlândia – nos contou suas motivações para se tornar um pirata.

"Não pretendíamos matar ninguém", disse ele, sentado na cela de uma prisão somali. "Éramos apenas pobres pescadores que foram atacados. Tínhamos que nos defender."

Ainda assim, quando perguntamos de que ele gostava em ser pirata, ele rapidamente respondeu que era o dinheiro. E acrescentou que se não conseguisse arranjar emprego ao sair da cadeia, iria retornar à pirataria.

Abdu Said, pirata de Hobyo, cidade portuária da região centro-norte da Somália, usou entonação similar: "Virei pirata para poder salvar a costa somali". Após uma breve pausa, acrescentou: "E para ganhar dinheiro", esforçando-se muito para fazer esta soar mais como um restinho de pensamento e não uma motivação primária.

☠ ☠ ☠

Mas "desajustado" não seria apenas outra palavra para "empreendedor"?

Embora desajustados e empreendedores tenham traços em comum – são "tomadores de risco" naturais e buscam liberdade e autonomia por meio de sua própria paixão e seu jeitinho –, não devem ser confundidos. Desajustados são contraculturais, autoquestionadores e vulneráveis. Avançam limites. Desafiam sistemas. Claro, às vezes a personalidade desajustada encontra-se no corpo de um empreendedor, e quando essas identidades se misturam, os resultados podem ser explosivos.

Dois executivos que possuem esse DNA híbrido são, por exemplo, Steve Jobs e Richard Branson. Autoconfiante, orientado para os objetivos e ávido por ganhar dos outros, Jobs foi um empreendedor quintessencial. Conseguiu criar uma das mais poderosas empresas do mundo, levando produtos icônicos às massas. E embora às vezes Jobs parecesse invencível, a verdade é que ele não tinha medo de demonstrar vulnerabilidade (exemplo-chave é seu discurso em Stanford, no qual falou sobre sentir-se um fracassado quando foi demitido da própria empresa).

O espírito alternativo e renegado que ele encorajou na Apple desde o início, quando a indústria da informática era dominada pelas grandes empresas de engravatados, foi representado num infame comercial que celebrava ninguém menos que os desajustados:

> Viva os malucos. Os desajustados. Os rebeldes. Os desordeiros. Os peixes fora d'água. Os que veem as coisas de modo diferente. Eles não gostam de regras. E não têm respeito algum pelo *status quo*. Pode-se citá-los, discordar deles, glorificá-los ou difamá-los. A única coisa que não se pode fazer é ignorá-los. Porque eles transformam as coisas. Empurram a humanidade à frente. E enquanto alguns talvez os vejam como malucos, nós vemos genialidade. Porque as pessoas que são malucas o bastante para achar que podem mudar o mundo são as que de fato o mudam.

De modo similar, a mistura de empreendedor dissidente e desajustado que faz Richard Branson ser o que é o influenciou a investir em oportunidades e correr riscos quando outros tinham muito receio. Aluno batalhador, talvez por conta da dislexia, Branson fundou seu primeiro empreendimento aos 16 anos com a *Student*, uma revista nacional comandada por e focada em alunos do Ensino Médio. Depois fundou uma loja de discos, a Virgin, numa cripta de igreja. Nos anos 1970, teve dinheiro suficiente para lançar o próprio selo e começar a Virgin Records. Em seguida, assinou contratos com bandas independentes, como Faust e Culture Club, algo que muitos executivos da indústria musical relutavam em fazer.

Desde o sucesso desenfreado da marca Virgin como um todo, Branson foi pioneiro em outros mercados, como o turismo espacial, indo contra os conselhos de muitos amigos e competidores bem estabelecidos. A poderosa mistura de empreendedor renegado de Branson fez dele o oitavo cidadão mais rico do Reino Unido na época em que esse livro foi escrito,[4] bem como membro honorário da economia desajustada.

Muitos criativos e artistas com quem falamos andam também desenvolvendo mentalidade mais empreendedora. O cineasta e contador de histórias norte-americano

---

4   FORBES. "The World's Billionaires". Disponível em: <http://www.forbes.com/profile/richard-branson/>.

Lance Weiler, como Branson, é disléxico. Sofreu de inibição de fala quando criança e foi constantemente ameaçado de ser retido na escola. Não foi para a faculdade; em vez disso, tornou-se assistente de filmagens, levando rolos de filme do estúdio para o laboratório e dormindo no carro. Foi ganhando espaço na indústria e, em 1996, conseguiu um sucesso improvável com *A última transmissão* (*The Last Broadcast*), seu primeiro filme, que podia ser assistido num notebook. Weiler fez o filme com um amigo gastando apenas 900 dólares, e acabou ganhando quase cinco milhões.

"Na época", Weiler nos contou, "as pessoas achavam que estávamos banalizando o processo de filmagem por usar o meio digital. Não éramos considerados cineastas". Ele sugeriu que certa ingenuidade, rebeldia e experimentalismo foram cruciais para o sucesso do filme. "Estávamos nos rebelando contra um sistema baseado em concessões." Weiler acreditava que estava ajudando a definir um novo tipo de produção de cinema. "Éramos como aquela garotinha gorda de Ohio de que Francis Coppola fala em *O apocalipse de um cineasta*", contou-nos Weiler. "Sabe, essa ideia de que o próximo Mozart ou filme bonito poderia vir de uma cidadezinha, feito por uma menina usando a filmadora do pai. Era isso que estávamos fazendo."

Parte do sucesso de Weiler deveu-se a sua habilidade de trabalhar o sistema. Ele mandou cartas para grandes produtoras dizendo que queria fazer o primeiro filme digital. Como não teve resposta alguma, deu uma de vigarista e escreveu as mesmas cartas, mas intencionalmente errou os endereços e as enviou para empresas diferentes. A Sony, por exemplo, recebeu uma carta escrita para a Barco. Dentro de três dias ele tinha recebido inúmeros ligações dessas empresas e ofertas de um projetor de graça que poderia usar ao longo dos anos seguintes. Weiler, então, levou a projeção digital a Cannes e Sundance.

Quando chegou a hora de lançar o filme em diversos cinemas, Weiler pensou em usar tecnologia via satélite para projetar o filme. Mas não sabia nada sobre essa tecnologia. Estava ao telefone com um provedor de sinal via satélite quando começaram e não pararam de lhe perguntar com qual competidor ele estava negociando também. Weiler não estava falando com mais ninguém, mas sempre que perguntavam, evitava responder. Finalmente, acabou dizendo que, se perguntassem de novo, ele teria que encerrar a conversa. A conversa prosseguiu, e cinco minutos depois, eles perguntaram de novo. Weiler desligou o telefone. A produtora ligou para ele, em pânico. "Ela achou que eu tinha ficado maluco", disse.

A empresa acabou dando a Weiler 2,5 milhões de dólares em equipamenta da R&D, muito mais do que o previsto. "Eu não tinha nada a perder. Foi só esse espírito renegado."

Weiler acredita que uma mentalidade empreendedora é essencial para qualquer artista. "Existe esse mito por aí de que os artistas são especiais, quase um tipo sagrado de humano... Que por serem criativos, não podem se preocupar ou ligar para coisas que os tiram da busca criativa. Tem um quê de pureza aí."

Para Weiler, sua grande epifania foi quando percebeu que podia ser criativo passando por cima de tudo. Não apenas no produto de arte, mas no financiamento, na distribuição e nos aspectos burocráticos da produção artística. "Como artista, você tem que pensar na sustentabilidade do que vai fazer sob um prisma de empreendedor... Não pode contar só com suas habilidades puramente criativas, ou 'genialidade'. Essa época já passou, se é que algum dia existiu", disse Weiler.

Jobs, Branson e Weiler talvez sejam discrepantes. Muitos dos desajustados com os quais conversamos achavam até o caminho do empreendedorismo tradicional conformista demais. Inúmeras comunidades de desajustados com as quais falamos – de coletivos de hackers e redes de produtores do tipo faça-você-mesmo a festivais de cultura – funcionam num espírito mais radical de informalidade e autogovernança.

## A ESSÊNCIA DOS DESAJUSTADOS: INFORMALIDADE E AUTOGOVERNANÇA

Depois que o tsunami na Tailândia, no início de 2013, arrasou a vida de milhões, os desajustados locais tomaram as rédeas da situação, num exemplo de extraordinária criatividade.⁵ O blog Thai Flood Hacks, no Tumblr, catalogava soluções de mobilidade do estilo faça-você-mesmo para navegar pelas áreas inundadas. No blog, podia-se encontrar de tudo, desde jangadas que boiam apoiadas em garrafas e bicicletas elevadas acima do nível da água, até jet skis motorizados feitos em casa. Ninguém pedia permissão para nada. Apenas faziam as coisas e partilhavam no blog para que outros pudessem se beneficiar também.

Esse é um exemplo perfeito da inovação desajustada. Se esses indivíduos conseguiam inventar soluções para questões de vida ou morte na improvisação, o que você poderia fazer com ainda menos regulamentos e um pouco mais de licença criativa?

A informalidade é um motivador-chave na inovação desajustada. Deixando de lado o que para muitos de nós parece ser arbitrariedade, a informalidade na verdade tem a ver com sustentar as pessoas para que cheguem além do nome de uma função e tenham permissão para liberar seus verdadeiros talentos. A informalidade tem a ver com incentivar a espontaneidade, libertar as pessoas para que dependam da motivação intrínseca (seus valores) e instintos em vez de deferir-se às regras, códigos e incentivos (aumentos e promoções) impostos por autoridades exteriores.

---

5   DANIELS, Steve. "Thai Hackers Adapt Vehicles and Buildings to the Flood". In: *The Atlantic*, 14 nov. 2011. Disponível em: <http://www.theatlantic.com/technology/archive/2011/11/thai-hackers-adapt-vehicles-and-buildings-to-the-flood/248467/#slide3>.

A informalidade foi uma força de animação crucial nos movimentos sociais do passado, destravando o poder dos cidadãos em sublevações como o Occupy Wall Street e a Primavera Árabe. Ademais, esse espírito rompante está vazando para dentro dos negócios. A necessidade crescente de desorganização dentro de nossas instituições é uma tendência que a revista *The Economist* destacou num artigo chamado "Homenagem aos desajustados",[6] que argumenta que as empresas estão lentamente trocando "o homem organizado pelo homem desorganizado... Executivos equilibrados que eram o suprassumo de muitas empresas do passado têm sido ultrapassados por empreendedores mais intrometidos, geeks, criativos". Esse tipo de indivíduo leva ao ambiente de trabalho tendências nada civilizadas, essenciais para cultivar a inovação e melhorar a qualidade do dia a dia no mundo corporativo.

Gente com déficit de atenção, o *piece relay*, não consegue focar em nada, pula de projeto em projeto e às vezes não termina o que começou. Por causa disso, no entanto, essas pessoas costumam ser fonte de ideias novas. Facilmente entediadas, conjuram novas possibilidades e cenários. Em contraste, empregadores com síndrome de Asperger têm obsessões intensas com tarefas repetitivas, padrões, números e detalhes – todas as qualidades que

---

[6] THE ECONOMIST. "In Praise of Misfits". 2 jun. 2012. Disponível em: <http://www.economist.com/node/21556230>.

servem bem a um programador de computadores, por exemplo. Em março de 2014, o periódico *The Wall Street Journal* relatou[7] os esforços de uma empresa de software alemã para contratar pessoas com autismo, alocando esses empregados em funções técnicas como programação de computadores, correção de bugs e TI graças à habilidade que têm de focar em detalhes.

No que tange à informalidade, o fio que corre em paralelo entre os princípios é a autogovernança – ter o direito de controlar a si mesmo em vez de ser controlado por uma organização hierárquica. Uma pesquisa de 2012 sobre comportamento corporativo descobriu que somente 3% de mais de 35 mil funcionários pesquisados relataram níveis altos de comportamento autogovernado (independência, autonomia) em suas empresas.[8]

Os piratas de antigamente criaram códigos de democracia para governar seus navios. Manifestantes precisam criar consenso e estruturas cooperativas de organização. Comunidades *open-source* criam suas regras internas de conduta e participação. O que esses grupos sabem muito bem é que a autonomia gera confiança,

---

7 WANG, Shirley S. "How Autism Can Help You Land a Job". In: *The Wall Street Journal*, 27 mar 2014. Disponível em: <http://online.wsj.com/news/articles/SB10001424052702304418404579465561364868556>.

8 LRN. "The HOW Report: New Metrics for a New Reality: Rethinking the Source of Resiliency, Innovation, and Growth". 2012. Disponível em: <http://pages.lrn.com/how-report>.

comprometimento e a emergência de missão e propósito coletivos. A lealdade, o engajamento e a noção de comunidade que se encontra em navios piratas, nas comunidades de hackers, entremeados nos movimentos de protesto e nas favelas de cidades é impressionante, e é precisamente por causa da natureza autogovernante dessas organizações informais. Os hackers, por exemplo, têm regras, normas e etiqueta para regular o comportamento que eles aplicam num nível de membro a membro. O Linux, exemplo mais proeminente de software *open-source* da atualidade, foi criado pela troca, entre membros, de habilidades, ideias e normas. O software – hoje em dia usado por mais de 18 milhões de pessoas – foi iniciado por seu líder, Linus Torvalds, mas foi moldado por milhares de respostas vindas de todo o mundo. Na época em que este texto foi escrito, ele continua a ser desenvolvido por cerca de oito mil programadores. Quando as melhorias são enviadas por programadores comuns, são recebidas como se o próprio Torvalds as tivesse sugerido, sendo o lema do trabalho "Que o código decida".[9]

Os desajustados em geral abraçam a autogovernança porque não confiam em autoridade e não são facilmente coagidos a aceitar a lógica ou o comando de outra pessoa. Os inovadores desajustados podem ser seus próprios

---

9 DUVAL, Jared. *Next Generation Democracy: What the Open Source Revolution Means for Power, Politics and Change*. Nova York: Bloomsbury, 2010.

chefes ou operar em redes ou comunidades em que sintam que têm a habilidade de ajudar a moldar as regras pelas quais vivem. Algumas comunidades *open-source* ou de hackers ficaram especialistas em criar seus próprios princípios de operação. Por exemplo, os hackers originais, o grupo de desajustados do Massachusetts Institute of Technology, desenvolveu organicamente o que se conhece por Ética dos Hackers, código segundo o qual pretendiam trabalhar: a importância de ter acesso livre a computadores, liberdade de informação, descentralização e julgamento baseado apenas no mérito. Todo hacker com quem falamos concorda com esses princípios, afirmando que estes ainda animam muitos movimentos de hackers atuais.

## POR QUE SE PRECISA MAIS DO QUE NUNCA DOS DESAJUSTADOS

Muitos dos princípios que vemos em ação na economia desajustada emergiram em direção oposta ao legado da formalização que surgiu na Revolução Industrial há cerca de 250 anos.

A Revolução Industrial trouxe consigo uma lógica econômica construída em torno da eficiência, da padronização e especialização. Desde sistemas de agricultura até manufaturas têxteis foram ficando cada vez mais formalizadas. Por outro lado, uma demanda por força de trabalho capaz de encaixar nesses sistemas nasceu. A conformidade (entre os operários) e a produtividade eram apreciadas; as "virtudes civilizadoras" da indústria, tais como disciplina, moderação e obediência à autoridade, eram "de ouro". Os que não cabiam nesse padrão eram então acusados de preguiça, indolência, ociosidade, apetites incontroláveis e paixões excessivas.

Como historiadores de economia já postularam, o trabalho industrial permitiu que os operários ficassem mais eficientes numa dada tarefa, aumentando assim a saída e a produtividade. Foram tornando-se mestres no que faziam; nas fileiras do chão de fábrica, a mulher que instalava a porca num parafuso específico o fazia com extrema confiança, facilidade e precisão. Além, claro, de ser mais rápida nisso do que qualquer outra pessoa.

Mas os tempos mudaram. Boa parte da humanidade do mundo atual não trabalha em chão de fábrica, e a mesma padronização que prometia maestria e eficiência não mais se aplica.

Steve Mariotti, fundador da Network for Teaching Entrepreneurship (NFTE), nos disse: "Eu cresci nos arredores de Chicago. Na sala de aula havia uma tabela de organização da General Motors na parede. Se você aprontasse, a professora apontava e dizia que ia te colocar no final da tabela, no chão de fábrica. Bons e maus... todos nós sabíamos aonde estávamos indo. O sistema de educação foi construído para que fôssemos absorvidos pela indústria de automóveis".

Hoje não existe essa trajetória tão linear. Estamos em tempos de mudança crescente e transição de massa econômica. A taxa de mortalidade de grandes empresas vem aumentando. A vida média das principais empresas americanas diminuiu em mais de 50 anos nos últimos 100: de 67 anos em 1920 para apenas 15 em 2012.[10] Fora do setor automotivo, muitas outras indústrias *blue chip* estão em declínio. A indústria farmacêutica teve seu apogeu nos anos 1980 e 1990, com remédios muito vendidos, como Lipitor, Plaxix e Zoloft. Algumas empresas dessa área enfrentaram competição de genéricos e foram forçadas a tomar medidas de pesquisa e desenvolvimento.

Se déssemos ouvidos a Joseph Schumpeter, cientista político e economista, permitiríamos que as forças da "destruição criativa" – o processo de destruir uma antiga ordem econômica para emergir uma nova – agissem livremente.

☠ ☠ ☠

David Berdish é um católico devoto e operário automotivo de terceira geração na Ford Motors. Trabalhou na empresa por 31 anos e recentemente se aposentou. O avô, proeminente organizador de operários e membro fundador da UAW Local 600, sindicato que representava as maiores fábricas da Ford, esteve na infame Batalha da Passarela, na qual organizadores do sindicato United Auto Worker

---

10 GITTLESON, Kim. "Can a Company Live Forever?". In: *BBC News*, 19 jan. 2012. Disponível em: <http://www.bbc.co.uk/news/business-16611040>.

apanharam de seguranças da Ford. Como seu avô, David Berdish é um desajustado. "Entro muito em encrenca (na Ford). Ultrapasso os limites do que me permitem fazer", ele nos contou.

Berdish foi originalmente contratado para trabalhar no Aeroespaço da Ford, mas não foi permitido pela segurança por conta da história de sindicalismo do avô. Assim, começou na fábrica, depois passou a analista financeiro, gerente de compras, comprador e gerente de fluxo de suprimento, até que se tornou gerente de prática de sustentabilidade da Ford em 2000. "Foi durante minhas voltas na fábrica que comecei a entender as pessoas, a saúde e as questões de segurança."

Ele trouxe sua ampla experiência no interior da empresa para começar a construir a liderança na Ford para os direitos humanos – saúde e segurança – em todo o mundo. Ele se certificou de que as condições básicas de trabalho fossem alcançadas e começou a abordar o compromisso com responsabilidade corporativa da empresa.

Berdish também se focou em questões de acesso a transporte. Em 2007, começou a trabalhar dentro da empresa com soluções de mobilidade e opções de transporte urbano além de carros. "A ideia de criar uma classe média nas economias BRIC não faz sentido. Nem todo mundo quer nem deveria ter 2,2 carros."

No futuro, Berdish imagina um mundo em que carros serão um recurso partilhado e mais funcional. "Os carros terão de ser mais despojados. Numa economia de partilha ou megacidade, você não precisa de rádio por satélite ou sistemas de navegação requintados; só precisa de carros que funcionem."

Berdish ajudou a desenvolver soluções de mobilidade na Ford, o que significou mostrar à empresa o valor dos modelos de negócio pensados em torno da partilha de carros e opções de transporte urbano como trem, metrô, ônibus e bicicletas. Deparou-se com muita frustração, visto que o foco da empresa continuava nos carros e caminhões, mas a vice-presidente da época ofereceu apoio. "Ela me deixou livre mesmo", ele nos disse. "Deixou que eu fosse um desajustado e arranjasse umas oportunidades interessantes pra gente."

Parte do sucesso de Berdish deveu-se a certa proteção que ele encontrou em William Clay "Bill" Ford Jr., tataraneto de Henry Ford e presidente da empresa. "Bill foi meu maior companheiro. Sem ele, eu não teria corrido alguns dos riscos que corri dentro da empresa."

Mas Bill Ford avisou Berdish de que não havia como ele ser promovido ou reconhecido pelo sistema – uma vez que a Ford responde principalmente a acionistas e "a empresa é analisada dia após dia por analistas de Wall Street", e o trabalho dele, que se focava mais numa proposta de valor em longo prazo, não teve muito reconhecimento interno. "Por isso eu dependia tanto de gente que pudesse curtir o meu trabalho e oferecer proteção", Berdish explicou.

Embora alguns dentro da empresa ainda considerem ameaçadora sua mensagem de enxergar além da fabricação de carros, outros estão acordando para essa realidade. Por todos os Estados Unidos, o consumo de automóveis tem diminuído; também começou a estabilizar em muitos outros países desenvolvidos. Seu filho de 20 anos nem tem carteira de motorista ainda. "Ele se preocupa mais com o que anda baixando no iPod."

Ainda que Berdish seja um desajustado, provocando seus colegas com a dúvida quanto a se o futuro da Ford deveria permanecer na fabricação de automóveis, ele tem lealdade tremenda para com a empresa. "Na Ford, eu podia fazer as coisas em escala e ter mais influência do que se trabalhasse sozinho. Falando sério, a Ford tem mais altura e visibilidade do que David Berdish."

Como seu avô, ele seguiu o caminho sendo radical e agitador, embora permanecendo leal e comprometido. "Meu avô criticava a Ford, mas não gostava que outros o fizessem. Era superleal e trabalhava duro. Estava apenas tentando conseguir melhores condições de saúde e segurança no local."

De modo similar, Berdish fica chateado com pessoas que "culpam o sistema" ou mostram falta de dedicação. "Se você escolheu trabalhar para uma empresa, faça um trabalho top de linha e conclua um expediente honesto. Se for criativo e apaixonado, você vai encontrar um jeito de acrescentar valor e sentido ao que faz."

Porém, ele entende a alienação e o desencantamento sentidos por muitos operários. "Alguns ficam tristes por serem só mais um, só um pedaço da máquina. Faz sentido. Em algumas empresas as pessoas mais incompetentes estão no RH. Os padrões e regras para promoção são bastante arbitrários. Rola muita politicagem."

Berdish acha também que a diferença entre o salário do CEO e o funcionário que ganha menos é frustrante e injusta. Ainda que tenha suas críticas, nunca ficou praguejando. Sempre teve atitude mais prática. "Se você quer fazer algo diferente, então faça."

Refletindo sobre seus tempos na Ford, Berdish nos contou que tem orgulho do que realizou. Acredita que escolheu um caminho mais difícil na empresa, a trilha menos seguida, mas não teve medo do desafio; como um verdadeiro desajustado, tem orgulho das pessoas que irritou. Quando perguntamos se ele achava que o futuro da Ford dependeria de desajustados como ele, a resposta foi imediata: "Sem dúvida. Acho que as empresas têm que melhorar na absorção de desajustados. Tem muito mais desajustados na geração mais nova. Todo mundo é meio individual agora. As pessoas estão mais livres para serem únicas".

Se as empresas tradicionais conseguem ou não acomodar uma população crescente de desajustados, ainda não se sabe.

Atualmente, Berdish está aposentado, mas sua porção desajustada continua a todo vapor. "Quando eu era menino, a primeira coisa que quis era ser um pirata. Agora eu moro às margens do rio James e trabalho em projetos de transporte sustentável nos Grandes Lagos, na costa nordeste dos EUA, e na Virgínia."

Ele acredita que sua ética de trabalho e a habilidade de ser otimista e apaixonado pelas mudanças foram as motivações principais ao longo de sua carreira.

☠ ☠ ☠

Em tempos nos quais o sistema financeiro está precisando de uma reforma radical, mercados locais enfrentam crescente turbulência e o setor de energia lida com severos desafios em longo prazo; em que comunidades locais enfrentam crises que vão do desemprego à falta de água, crescentes problemas de saúde mental e relatos de diminuição na felicidade e bem-estar humanos, todos nós devemos nos perguntar: como podemos encorajar o instinto para inovar? Como podemos ajudar as empresas a desenvolver negócios de responsabilidade social e ambiental, que possa recrutar e reter a geração seguinte de talentos e atender às necessidades da sociedade?

Agora é a hora de procurar por novos meios de reconstruir e remodelar o que o compromisso com pensamentos arcaicos destruiu.

Agora é a hora de procurar por desajustados.

## Cinco maneiras de libertar seu desajustado interior

Seguindo com nossa jornada pelo mundo dos desajustados, destilamos os cinco princípios-chave para libertar seu desajustado interior: *jeitinho*, *cópia*, *hack*, *provocação* e *giro*. Cada um desses princípios será explorado profundamente em capítulos próprios na Parte 2.

Nossa intenção é mostrar que podemos aprender com a margem e como adaptar esse aprendizado para nossos propósitos. A realidade é que quase todos nós nunca entraremos para o crime organizado no México nem viveremos nas favelas da Índia, o que é muito bom. Mas todos temos um "desajustado interior" – partes do que somos que não se conformam com normas convencionais ou têm pontos de vista que não se alinham com os da maioria.

Nosso objetivo é encorajar você a aplicar as percepções que reunir sobre si e sobre os casos contidos neste livro em sua própria indústria, empresa, carreira ou comunidade. Esperamos que você seja inspirado pela frugalidade, determinação e espontaneidade do mundo *underground*, assim como motivado a canalizar suas energias para invadir nossos sistemas dos setores privado e público a fim de que façam jus aos seus ideais.

PARTE 2

# LIBERTANDO SEU DESAJUSTADO INTERIOR

## CAPÍTULO 2

# JEITINHO

Quando era jovem, Fabian Ruiz sabia que queria trabalhar com algo que o obrigasse a usar terno e gravata. Trabalho duro, os pais sempre lhe diziam, é algo a se admirar. "Para adelante siempre, y nunca para atras, ni para cojer impulso": para a frente sempre, nunca para trás, nem para pegar impulso.

Em 1972, a família dele – mãe, pai e o irmão de quatro aninhos, Carlos – mudaram-se da Colômbia para Nova Jersey, onde Fabian nasceu, no ano seguinte. Antes de ele completar um ano de idade, a família mudou-se uma última vez: para Jamaica, no Queens, em Nova York. Ali ele cresceria para tornar-se um menino quieto e estudioso que amava a estabilidade. Quando concluiu a quarta série, os pais resolveram colocá-lo numa escola particular, após testemunhar o envolvimento do irmão mais velho com brigas de gangue na escola pública local. A disciplina favorita dele na escola particular católica, a St. John's, era Ciências. "Eu adorava as ideias novas", recorda.

Os pais e o irmão eram seus heróis. Espelhava-se no pai, contador formado que trabalhava numa fábrica de produtos químicos, mas depois passou por empregos em diversos bancos. Fabian admirava a mãe, secretária, pela habilidade de conjugar o trabalho do lar com um emprego em tempo integral. E quanto ao irmão? "Meu irmão era tudo pra mim", disse Ruiz, vestido num terno aprumado, a gravata perfeitamente centralizada.

É aí que começa a história dele.

☠ ☠ ☠

Os vizinhos da família Ruiz sabiam que os irmãos eram muito próximos, que Carlos sempre viria socorrer Fabian se este precisasse. "E era por isso", ele nos contou, a voz embargando, "que as pessoas achavam que eu nunca tinha medo de nada; se algo desse errado, meu irmão estaria lá para consertar".

Fabian e o irmão jogavam beisebol num parque em Jamaica, Queens, quando suas vidas mudaram para sempre. Carlos, juntos com uns amigos, saiu do jogo mais cedo, enquanto Fabian e o resto da turma ficaram para jogar mais um tempo. Quando Fabian passou pela casa de um amigo após o jogo para devolver a luva que pegara emprestada, o amigo contou aonde o irmão tinha ido. Na noite anterior, tinham atirado em Carlos em frente a uma mercearia, e os amigos arranjaram para que ele se encontrasse com o agressor a alguns quarteirões dali. "Eu tomei a decisão ali na hora", disse Fabian. "Alguém seria morto, e não ia ser o meu irmão".

Ele correu até o cruzamento onde o irmão esperava, com mais dois amigos. Carlos lhe disse: "Sai daqui. Você não devia estar aqui". Fabian disse que não iria embora, e enquanto os dois discutiam, o adversário de Carlos apareceu dirigindo um sedã branco.

Aos 16 anos, Fabian Ruiz atirou no adversário do irmão, matando-o. Foi seu primeiro e último crime. Ele foi julgado por homicídio em segundo grau e enviado à Rikers Island, em Nova York, uma enorme e avultosa cadeia para condenados que estão aguardando julgamento, ou não podem pagar (ou mesmo não concederam) fiança, ou cumprem pena de menos de um ano.

☠ ☠ ☠

Nos primeiros dias de seu encarceramento, Ruiz começou a pensar como um prisioneiro. O desespero puro da situação o forçou a desenvolver o instinto do jeitinho: uma determinação em tomar seu destino nas mãos; uma ingenuidade que lhe permitiria criar algo do nada.

Ilustrando essa potencialidade, Ruiz levantou-se da cadeira durante a nossa entrevista. Ficou muito alto, ombros largos, autoritário. "Olhe ao redor desta sala", disse. "Tem pelo menos cem armas aqui." Olhamos para ele de maneira um tanto quanto perplexa. "Estão vendo aquele pedaço de plástico naquela cadeira? Eu poderia derreter e transformar em lâmina." Ele apontou para uma das rodas de metal do móvel da TV e disse que podia transformá-la em espada. Todo o sistema de encanamento do prédio, disse ele, era um arsenal de armas. "O alto-falante ali no canto? Poderia desmontar e encontrar alguma coisa, qualquer coisa, lá dentro, que pudesse ser transformada em arma."

A vontade instintiva de Fabian em usar o jeitinho – e criar suas próprias oportunidades ao invés de ficar sentado, passivamente, vendo seu destino se desenrolar – o levou a tentar escapar. Havia celas e "mods", ou pequenos trailers. "Me colocaram num 'mod'... e eu pensei... essas coisas são feitas de gesso e latão. Tenho 25 anos pela frente, e me colocam num negócio feito de gesso e latão?"

Fabian observou e analisou cada detalhe de seus arredores. Cada parede, cada fenda, cada canto. Finalmente, notou um sistema de exaustão, pelo qual pássaros entravam e saíam. E pensou: "Como é que eles entraram ali?". Se tem como entrar, ele nos disse, tem que sair. "Foi isso. Eu segui os pássaros."

Certa noite, dois amigos distraíram o agente de correção de plantão por tempo suficiente para que Fabian destrancasse a porta que dava para uma grade pia que ficava dentro do armário de esfregões, aberta apenas pelas pessoas que limpavam o "mod", e saísse pelo teto. Um amigo dormiu na cama dele durante a inspeção noturna de rotina no intuito de ganhar tempo e não deixar que ninguém suspeitasse. Às duas da manhã, Fabian emergiu na cobertura do "mod". O piso estava bem lá para baixo. Ele saltou de telhado em telhado, no que parecia ser um fluxo interminável de trailers, vendo além das cercas do estacionamento e a água logo atrás.

    O plano original de escapar pelo estacionamento não era mais uma opção: agentes de correção estavam fumando e conversando perto da entrada. Ele mudou de direção e encontrou uma rota de fuga vazia, e pulou para o chão e por cima das duas primeiras cercas que o separavam da liberdade. A última cerca tinha uns seis metros de altura e era coberta por arame farpado de uma ponta a outra. Fabian sentia o cheiro da água do mar vindo do outro lado. Ele jogou um cobertor por cima do arame farpado e tentou ignorar a dor e escalar. Foi impossível. A cerca era grudada em concreto, eliminando a opção de cavar um túnel. Ele se escondeu embaixo de um trailer de construção, esperando ficar por ali até o cair da noite, quando tentaria mais uma vez. Às sete da manhã, um alarme soou por toda a instalação. Helicópteros circularam acima, e os pés dos agentes de correção apinharam-se ao redor dele. Finalmente, soltaram cães para farejá-lo, e ele escutou um agente de correção dizer ao *walkie-talkie*: "Acho que encontrei". "Eu pude ver o mar", disse ele.

Fabian foi condenado a um ano adicional pela tentativa de fuga, e sua categoria foi passada para "CMC Max A" (caso monitorado no centro, segurança máxima). Ele passou muitos meses na solitária, onde entendeu que seu jeitinho poderia ser usado em algo mais positivo.

Gradualmente, ele retornou a seu *eu* estudioso e quieto. Passava muito tempo lendo de tudo, de gibis aos clássicos, da revista *Time* à Bíblia, a Torá e o Alcorão. Considerado uma ameaça desde a tentativa de fuga, era transferido constantemente de cela em cela e entre prisões. Ele evitou entrar em alguma gangue dentro da cadeia, o que no começo dos anos 1990 era uma exceção à regra.

Começou a estudar a lei criminal de Nova York, recebeu certificado pelos estudos, passou horas lendo livros de legislação e casos antigos, escrevendo moções e organizando relatórios. "Finalmente, dentro dessa informação toda, eu vi a chave para uma porta que estava trancada fazia muito tempo."

Ele nos contou que muitas pessoas que passam bastante tempo na cadeia não desenvolvem a habilidade de usar o conhecimento de um modo que se traduza para a sociedade lá de fora. Com seu verdadeiro jeitinho, ele percebeu que é necessário usar daquilo que dispomos com sabedoria.

Não foi apenas o conhecimento da lei que Ruiz buscou. Ele adquiriu também um diploma de aluno associado em artes liberais numa faculdade comunitária. Recebeu certificado de assistente de encanador, assistente de eletricista, removedor de asbestos, educador de HIV, assistência a jovens e antiviolência. Criou a *Rap Tablet*, uma revista de hip-hop dentro da cadeia.

Durante os 21 anos que cumpriu pena na prisão, foi navegando por esses mundos diferentes. "Aprendi tudo sobre a vida na prisão. Passei os 18, os 21, tudo dentro daquela casona."

O tempo todo ele foi aprendendo, observando, afiando as habilidades que poderia utilizar ao ser solto aos 38 anos. Ruiz escreveu ideias de um negócio num caderno. "Deixei-o na prisão no dia em que saí, mas nunca vou me esquecer. Está na minha cabeça, ninguém nunca vai poder tirar de mim, e representa, sempre, tudo o que faço agora."

Quando Ruiz botou os pés na rua no dia de sua libertação, chegou a ficar mole, recorda. "Parecia que o chão estava fora do lugar."

Contudo, ele tinha um conjunto de habilidades novas que estava levando consigo para o mundo.

☠ ☠ ☠

No dia em que entrevistamos Ruiz, ele completava exatos 360 dias fora da prisão. Seu jeitinho, afiado durante o encarceramento, está sendo, agora, aplicado de modos positivos no mundo de fora. Na época em que este livro foi escrito, ele participava do Defy Ventures, um programa sem fins lucrativos com base em Nova York projetado para ajudar egressos a começarem seus próprios negócios. Num aceno dos mais abertos ao que muitos consideram empreendimentos marginais, a Defy Ventures recebe financiamento privado de executivos e fundações para "prover a homens e mulheres ambiciosos cuidadosamente selecionados, que tiveram história de crime, oportunidades de empreender, liderar e construir uma carreira que possa mudar suas vidas".

O negócio de Ruiz é a Infor-Nation, uma *startup* que funciona como ferramenta de pesquisa que se compra por e-mail, dedicada a conectar prisioneiros com informação legal on-line e resultados de sites de busca. Por muitos motivos, a internet não está disponível para boa parte dos encarcerados. Quando Ruiz estava na cadeia, a família lhe mandava informações impressas da rede para ajudar no caso dele e para decidir o que faria quando chegasse em casa. Com o apoio da internet e seu domínio dos conteúdos da biblioteca, ele ajudou outros com apelações, a escrever moções e organizar relatórios.

Ruiz teve uma ideia: e se eu pudesse oferecer um serviço a outros prisioneiros? Ser aquela pessoa que traz o mundo lá de fora para dentro? E já que toda correspondência que transita na prisão é lida, que problema haveria de um interno requisitar uma mensagem impressa do Facebook, um e-mail ou informações que lhe seriam úteis enquanto sua pena estivesse sendo cumprida?

Depois de sua vitória na competição "Cinco de Mayo", da Defy, que lhe garantiu dois mil dólares de financiamento inicial para a Infor-Nation, ele foi aceito num programa de incubadora no qual foi desenvolvendo seu plano de negócios. Com todo o jeitinho, Ruiz labuta na construção civil para pagar as contas – "o único trabalho que consegui encontrar com o meu histórico", ele nos disse –, enquanto dá duro para fazer crescer a Infor-Nation.

"Quando vocês investem nesse negócio", Ruiz disse aos juízes, "não estão investindo só em mim, mas em gente cujo isolamento total e completo do nosso mundo, deste mundo, prejudica e muito a sociedade".

Ruiz (e virtualmente todos os outros egressos com quem falamos) referiu-se à importância da paixão para manter o ânimo. "Eu sempre me dediquei por inteiro", ele nos disse. Quando era menino, pulou de um prédio usando uma capa improvisada. "Tinha certeza de que podia voar", disse, rindo. Na prisão, vive-se com uma similar mentalidade de tudo ou nada. Se for para entrar numa luta, é melhor lutar com tudo o que tiver ou você morre. "Não pode só dar um soco e sair", disse Ruiz.

Quando nossa conversa com Ruiz chegou ao fim, ele notou uma frase escrita num dos nossos cadernos: "O que piratas, terroristas, hackers e gangues urbanas têm a ver com o Vale do Silício? Inovação". Ruiz comentou: "Interessante. Qual é a diferença entre a gente e uns caras do Vale do Silício? Melhores escolhas quando criança, só".

Nossa última pergunta para Ruiz: o que ele achava do capitalismo? "Que tem de bom no capitalismo?", ele perguntou. "O jeitinho. Eu respeito o jeitinho. Respeito a liberdade de encontrar oportunidade em tudo e agir."

## O JEITINHO

"Ao contrário da opinião popular", certa vez disse o escritor e comediante Fran Lebowitz, "o jeitinho não se refere a uma nova forma de dançar. É um procedimento antigo no mundo dos negócios". Pode até ser antigo, mas o "jeitinho" de hoje é uma palavra bastante falada no mundo dos negócios. Anúncios de emprego, principalmente de empresas menores, às vezes citam o jeitinho como requerimento para futuros candidatos.

Historicamente, essa expressão foi sempre usada para descrever a obtenção de algo de modo incorreto ou corrupto, ou por meio de fraude, trambique, esquema. O uso moderno está mudando, contudo, e o linguajar moderno dos executivos está repleto de referências ao jeitinho e aos que fazem uso dele.

No léxico da economia desajustada, definimos "jeitinho" como criar algo do nada. Ser rápido, trocar uma coisa por outra e criar pró-ativamente suas oportunidades em vez de esperar que uma venha até você. O jeitinho inclui se movimentar, ser liso, fácil, trabalhar duro, ser criativo, persistente, demonstrar possuir energia, ousadia e jogo de cintura.

O jeitinho tem a ver com resolver as coisas, como fez Fabian Ruiz durante seu período de encarceramento. É saber dar um jeito, motivado pelas oportunidades, e ser frugal – aprender a fazer muito com pouco, criando seu próprio destino. Uma mentalidade flexível permite-lhe transitar tranquilamente de um mundo a outro, pegando tudo emprestado de um e trazendo novas perspectivas para o próximo. Quem usa o jeitinho de modo eficaz faz tudo isso sem dificuldade, transpondo enquadres conceituais, fazendo conexões úteis e valorosas, trazendo habilidades e competências de uma área a outra.

Quando se usa o jeitinho, não há um plano básico; você improvisa e responde ao que a vida joga no seu caminho. O jeitinho resume-se a avistar uma ideia e pular para cima dela. Não é preciso grandes recursos, uma equipe perfeita ou o ambiente certo. Muito da inovação vem da dificuldade, do desafio e mesmo da escassez.

## Do *private equity* para as celas da prisão

Defy Ventures, o programa que ajudou Fabian Ruiz a estabelecer a Infor-Nation, foi fundado por Catherine (Cat) Hoke.

Hoke teve um início auspicioso trabalhando com capital de risco em Palo Alto (Califórnia) e depois na cidade de Nova York, bem como uma carreira decolando no *private equity*, que se resume em investimentos em empresas novas ainda não associadas a bolsas de valores. Aos 25 anos foi para a

Romênia trabalhar como voluntária com crianças portadoras do vírus HIV num orfanato. Ao retornar, disse ela, "rezava por uma oportunidade de combinar minha nova preocupação com a injustiça com minha paixão pelos negócios".

Hoke estava insatisfeita com o *private equity*. Ansiava por uma vida mais significativa de amor e serviço. Nas palavras dela: "Morrer com uma baita pilha de dinheiro não era muito atraente pra mim".

Quando fez 26 anos, suas orações foram atendidas depois que ela embarcou numa missão da igreja que a levou a uma prisão no Texas, uma viagem que mudaria os rumos da vida dela. Durante a visita, em vez de ver os homens como culpados, viu-os como empreendedores em potencial, muitos deles sendo possuidores das características que ela procurava nas *startups* que se lhe apresentavam quando estava no mercado do capital de risco.

No mesmo ano, Hoke e o marido mudaram-se para o Texas, onde ela fundou o Programa de Empreendedorismo na Prisão (PEP). Cat investiu todas as suas economias no programa, e em 2008 já operava com orçamento de 3,2 milhões de dólares, cerca de seis vezes o investimento inicial.

Nos dez anos seguintes, o PEP obteve sucesso considerável em preparar prisioneiros para reentrar na vida civil, por meio de aulas sobre desde como começar um novo negócio até deixar para trás o passado com um futuro mais positivo e produtivo.

O relatório do PEP de 2011-2012 afirma que o programa tem taxa de 5% de recidiva (muito mais baixa que a média nacional de 40%), o que significa que apenas esse percentual dos egressos voltou ao crime (entende-se que eles acabaram realmente redirecionando suas energias para empreendimentos mais produtivos, lucrativos e regulares graças ao PEP). Em cinco anos, 500 alunos graduaram-se pelo PEP; cerca de 60 começaram um negócio próprio. Muitos deles até se tornaram chefes. Por ter imaginado e implementado o PEP, Cat Hoke passou do mundo da *private equity* para o trabalho com egressos do sistema prisional. Mas a história dela não acaba aqui.

Em 2009, ela teve de sair do Texas, após admitir ter mantido relações inadequadas com quatro graduandos do PEP. O Departamento de Justiça Criminal do Estado ameaçou encerrar o programa se Hoke permanecesse envolvida. Ela se demitiu. Passou de uma heroína que luta por uma causa justa para alguém preso no emaranhado de um escândalo. "Não queria mais viver", Hoke nos contou. Ela teve certeza de ter chegado ao fundo do poço.

Contudo, levantou-se e deu seu jeitinho, como vinha ensinando no PEP aos egressos. Ter jeitinho é ter a tenacidade de reerguer-se perante repetidos fracassos e mergulhar fundo dentro de si para juntar a energia e a paixão necessárias para fazer algo acontecer. É continuar em frente, não desistir, mudar de direção com base em *feedback* e aprendizado constantes. O jeitinho inclui forçar o destino, criar potencialidades contrapondo e sobrepujando a negatividade com energia positiva.

Hoke invocou esse espírito e mudou-se para a cidade de Nova York, onde fundou a Defy Ventures. Como parte do curso, um programa estilo MBA de um ano, os egressos passavam até 16 horas por semana aprendendo o básico dos negócios: como criar um nome para uma empresa, o que poderia ou não ser feito com propriedade intelectual, como falar em público, ler um relatório de balanço. Os alunos escreviam planos de negócios e competiam por capital, a semente para financiar seus empreendimentos.

Desde 2010, a Defy Ventures gerou mais de 13 milhões de dólares de lucro para egressos, ou "empreendedores em treinamento" (EET). Durante a confecção deste livro, 115 EETs tinham se formado pelo programa; eles lançaram 72 empresas, todas incubadas e fundadas pela Defy. Essas empresas criaram 35 novas oportunidades de trabalho. O programa tem taxa de 87% de emprego; recidiva de menos de 5%; e os graduandos relataram aumento de 94% de lucro em seis meses de participação na Defy.

Conversamos com outros participantes do programa da Defy, e descobrimos que muitos deles tinham o mesmo jeitinho apurado de Fabian Ruiz – viam oportunidade em tudo. "Pode ser o que for, não ligo", um dos empreendedores da Defy nos disse; "dou um jeito de fazer dinheiro com qualquer coisa".

Outro aluno da Defy, Luis Martinez, ex-traficante de drogas que criou a Pintores Brooklyn Joe, empresa de pintura e remodelagem, disse que os padrões sob os quais ele mudou sua vida foram de acordo com o que ele aprendeu para sobreviver na cadeia: usar o que tinha e não perder energia focando no que não tinha; utilizar a ética de trabalho que aprendera nas ruas; fazer o que fosse preciso para fazer acontecer.

Jose Vasques ganhava mais de 750 mil dólares traficando heroína. Ninguém consegue todo esse dinheiro parado num canto, na rua, esperando por um consumidor ocasional. Vasquez construiu canais de distribuição. Desenvolveu marca e embalagem únicas, implementou controle de qualidade, gerenciava uma equipe e oferecia um confiante serviço de atendimento ao cliente. Dos tempos de traficante, ele aprendeu habilidades e jeitinho que são aplicáveis à economia formal, e hoje, por meio da Defy Ventures, Vasquez está ensinando outros ex-traficantes e ex-criminosos a canalizar suas refinadas habilidades de rua para atividades legais, para que possam encontrar empregos nas indústrias formais ou começar seus próprios negócios.

O currículo da Defy mistura treinamento tradicional de administração – desde como escrever um currículo pessoal e plano de negócios até treinamento mais detalhista em torno de comunicação e desenvolvimento pessoal. O programa da Defy coloca também diversão junto ao treinamento. Como Hoke nos contou: "Muitos desses caras que vêm das ruas e ficaram presos sempre enfrentaram uma pressão enorme.

Muitos deles não tiveram infância". Parte do programa tem como objetivo conectar os participantes da Defy com humor e leveza para que possam recapturar parte dessa inocência perdida, sendo assim um dos diversos programas em todo o mundo que procura captar esse espírito.

Baillie Aaron, aluna de Harvard, fundou a Venturing Out, um programa de empreendedorismo na prisão baseado em Boston. Quando perguntamos por que criou o programa, ela nos contou da época em que deu aula de reforço na cadeia, além de ter ajudado os presos a estudar para as provas que garantiam o certificado do Ensino Médio. Num dos casos, foi-lhe pedido que levasse um aluno de terceira série para o equivalente a mais de dez anos adiante. Um dos alunos mudou o modo com o qual Aaron via as pessoas nas prisões. "Quando eu explicava para ele um problema de matemática do modo tradicional, com maçãs ou tortas ou lápis, ele tinha dificuldade de resolver. Mas quando eu usava vendas ou lucro como exemplos das questões, ele entendia a solução na hora. Muitas pessoas do sistema prisional têm um entendimento avançado de negócios, vendas e lucro."

Aaron ofereceu uma compreensão a mais sobre por que pessoas que cometeram crimes podem tornar-se incríveis empreendedores legalizados. Ao crescerem, de maneira geral, em circunstâncias desafiadoras, ela nos disse, os condenados tendem a ser mais persistentes e assim são capazes de lidar melhor com os desafios que vêm com tocar um negócio próprio. E pelo histórico de dificuldade, disse Aaron, muitos dos alunos dela eram observadores excepcionais e viviam alertas para os arredores, o que, segundo a experiência dela, incrementava a habilidade deles de ler pessoas e avistar tendências e padrões.

As pesquisas sustentam a ideia de que alguns dos que foram parar na cadeia por cometer um crime possuem sim aptidão para empreender. Matthew C. Sonfield, da Hofstra University, conduziu uma pesquisa[1] que descobriu que presos têm muita habilidade para o empreendedorismo. Outro estudo, "Vale a pena empreender? Os Michael Bloombergs, os vendedores de cachorro-quente e os retornos do trabalho autônomo", de Ross Levine e Yona Rubinstein, tentou determinar o que faz um empreendedor de sucesso. No estudo, Levine e Rubinstein definem o empreendedor como alguém que se engaja em atividade inovadora ou de risco (como Bill Gates ou Michael Bloomberg), em vez de um profissional autônomo (como um encanador ou um carpinteiro). Entre as características que fazem um empreendedor de sucesso, uma se destacou: a delinquência juvenil. Os autores descobriram que pessoas que se envolveram em "atividades agressivas, ilícitas ou de risco" até os dez anos de idade têm mais chances de se tornarem empreendedores de sucesso.[2]

---

[1] SONFIELD, Matthew C.; BARBATO Robert J. "Testing Prison Inmates for Entreprenurial Aptitude". Hofstra University and Rochester Institute of Technology.

[2] ANDERSON, Linda. "Troubled Teenagers Equal Entrepreneurial Success". In: *The Financial Times*, 18 mar. 2013. Disponível em:

Atualmente existem 2,4 milhões de pessoas presas nos Estados Unidos.[3] É tarefa quase impossível para egressos encontrar emprego válido e digno depois de serem soltos, uma vez que a maioria das empresas reluta em contratar gente com ficha criminal. Os egressos que continuam desempregados têm de três a cinco vezes mais chances de cometer outro crime do que os que encontram emprego.[4] As aulas de empreendedorismo e o direcionamento oferecido por gente como Cat Hoke e Baillie Aaron são um modo de ajudar a solucionar o desafio que é reintegrar essas pessoas à sociedade, e ao mesmo tempo transferir habilidades adquiridas numa vida de crime para uma vida dentro da economia formal. Hoke chama isso de "transformar o jeitinho".

☠ ☠ ☠

Como Fabian Ruiz, muitos dos egressos em programas como os da Defy Ventures e da Venturing Out cultivaram uma mentalidade de criatividade e frugalidade que está no cerne do espírito do jeitinho: é a disponibilidade para usar

---

<http://www.ft.com/cms/s/2/a8c08352-8c9b-11e2-aed2-00144feabdc0.html#axzz3IrN7GYCD>.

3   WAGNER, Peter; SAKALA, Leah. "Mass Incarceration: The Whole Pie". In: *Prison Policy Initiative*, 12 mar. 2014. Disponível em: <http://www.prisonpolicy.org/reports/pie.html>.

4   SONFIELD, Matthew C. "From Inmate to Entrepreneur: A Preliminary Analysis". Hofstra University.

tudo que se tem em mãos que possa ajudar a alcançar objetivos. Quem usa o jeitinho de modo eficiente foca no que tem, não no que não tem, e encontra jeitos novos de usar todas as ferramentas a que tem acesso. Sabe também que não é preciso esperar até que todos os elementos estejam alinhados perfeitamente para lançar um empreendimento; essa pessoa começa numa garagem, num quarto, como fizeram a Apple e a Virgin Records, ainda que nem todos os ingredientes estejam no lugar certo.

O jeitinho não é para quem é fraco de emoção ou espírito. Pode levar semanas, meses, até anos para que os esforços gerem frutos: por isso o ânimo e a resistência são armas essenciais.

☠ ☠ ☠

Egressos e criminosos reformados não são as únicas pessoas que usam o jeitinho. Vivemos em tempos em que uma crise financeira vem pressionando muitas economias do planeta há mais de uma década, dificultando, mais do que nunca, para os "menos estabilizados" (tanto indivíduos quanto empresas), conseguirem um nicho e assim prosperar.

Na Espanha, país em que a recessão se aprofundou nos anos que se seguiram à crise financeira global de 2008-2009, e em que a taxa de desemprego entre os mais jovens chega a quase 50%, muitos têm usado do jeitinho na economia informal para subsistir. "Sem a economia *underground*", disse ao The New York Times Robert Tornabell, professor e ex-reitor da Escola de Administração ESADE, de Barcelona, "estaríamos provavelmente numa situação de violenta inquietude social... Muita gente tem conseguido seguir em frente hoje apenas graças à economia *underground*, assim como pelo apoio da rede familiar".[5]

Os espanhóis estão fazendo tudo que é preciso para superar essa fase difícil. Mercados de pulga e lojas do varejo que se baseiam no princípio da permuta estão emergindo por todo o país. Embora itens de segunda mão tenham sido estigmatizados no passado entre os espanhóis, agora acabaram virando uma resposta comum à crise econômica. Ao mesmo tempo, plataformas de internet – os famosos bancos de tempo – permitiram aos espanhóis trocar serviços, habilidades, conhecimento e produtos. Essas plataformas permitem a indivíduos não empregados e subempregados trocar o que têm por produtos e serviços de que precisam.

Essa tendência do "consumo colaborativo" está ocorrendo em todo o mundo. Como escrevem Rachel Botsman e Roo Rogers em *What's mine is yours* [O que é meu é seu], partilhar, trocar e vender itens parados, tempo e serviços é uma tendência em alta. Do Airbnb (site de aluguel que

---

[5] MINDER, Raphael. "In Spain, Jobless Find a Refuge off the Books". 16 maio 2012. Disponível em: <http://www.nytimes.com/2012/05/17/world/europe/spaniards-go-underground-to-fight-slump.html?pagewanted=all&_r=0>.

passou de um catálogo de 120 mil produtos no começo de 2012 para mais de 300 mil na época em que escrevemos) ao Zipcar (serviço de partilha de carros que foi vendido à Avis por 500 milhões de dólares em janeiro de 2013), gente de todo o mundo está se desvencilhando do modelo fixo e formal do "possuir" para a abordagem mais fluida do "trocar".

A importância da economia formal está começando a ficar mais aparente em outros países europeus. No Reino Unido, um estudo[6] de 2012 feito pela Royal Society of Arts (RSA) e pelo Community Links descobriu que a economia informal está florescendo, e que sua existência foi, na verdade, *importante* para a saúde do empreendedorismo. A favor da necessidade de usar o jeitinho, o estudo sublinhou o seguinte: para que os empreendedores possam formalizar suas atividades (estabelecer-se legalmente como um negócio registrado, que paga impostos), eles costumam ter que trocar uma habilidade por outra – trocam o design de um site por uma estratégia de marketing, por exemplo, ou pagam um fornecedor por caixa dois. E o motivo é que registrar um negócio vem com muitos obstáculos de legislação – impostos altos, pouco crédito financeiro, horas resolvendo questões burocráticas. A enquete realizada para o estudo informou que 20% dos microempresários "negociaram de

---

6 DELLOT, Benedict. "Untapped Enterprise: Living with the Informal Economy". In: *The Royal Society of Arts*, set. 2012. Disponível em: <https://www.thersa.org/globalassets/pdfs/blogs/enterprise-untapped_enterprise-rsa.pdf>.

modo informal" (o jeitinho) durante os primeiros dias de vida da empresa.

Um equívoco comum é pensar que os que trabalham de modo informal estão tentando driblar o governo e não pagar impostos para levar mais dinheiro para casa. Alguns, sim. No Reino Unido, cerca de 200 bilhões de libras são levantados e gastos com trabalho não declarado por ano.[7] Contudo, a informalidade é um passo importante no processo de cultivar o surgimento de um pequeno negócio.

Numa economia arrasada pela crise, parece prudente encorajar o empreendedorismo por quaisquer meios possíveis – 40% dos microempresários pesquisados pela RSA, dois de cada cinco, disseram que, ao se organizar, fizeram uso do jeitinho ou do comércio informal, porque lhes dava "tempo para respirar antes de terem capacidade de registrar o negócio". Apenas 9% disseram que o fizeram para ter lucro adicional.

Ademais, nos Estados Unidos, o espírito do jeitinho é corrente por causa do crescimento da economia do *freelance*. Estima-se que, em 2020, 40% da força de trabalho norte-americana será composta por *freelancers*, PJs e funcionários temporários.[8] Sem empregos tradicionais, muitos estão procurando diversas e criativas fontes de receita e

---

7   *Ibid*.
8   GIANG, Vivian. "40 Percent of Americans Will Be Freelancers by 2020". In: *Business Insider*, 21 mar. 2013.

estão se esforçando para tirar proveito das oportunidades de empreender.

## É PRECISO UMA CRISE

Em 2008, uma crise econômica atingiu Wilmington, Ohio. A empresa internacional de transportes DHL cortou cerca de nove mil empregos na cidade e no condado de Clinton, nos arredores, que passou de uma das menores taxas de desemprego para a mais alta em todo o estado. Na época, Mark Rembert, aos 25 anos, tinha acabado de descobrir que fora aceito no Corpo da Paz e aguardava o momento de ir ao Equador. Após servir por nove meses, Taylor Stuckert, amigo de infância dele, fora retirado de sua locação no Corpo da Paz na Bolívia devido à instabilidade política.

Pouco após o anúncio das perdas de emprego na DHL, o banco Lehman Brothers desabou e a crise financeira global instalou-se. "A economia parecia estar ruindo ao nosso redor", Rembert disse.

Em vez de buscar o desenvolvimento internacional por meio do Corpo da Paz, os dois amigos avistaram a crise em sua própria comunidade e resolveram passar o ano fazendo a diferença ali mesmo.

Foi um ajuste mental. Como disse Stuckert: "Parei de pensar no que faria em seguida e apenas disse a mim mesmo: estou aqui, tenho que tentar trabalhar pra mudar as coisas". Os dois amigos passaram do posto de consumidores para o de produtores. "Quando você é local, não pode reclamar. Se acha que a cultura, a política ou o entretenimento são ruins, tem que fazer algo pra mudar", Stuckert nos contou. Uma das primeiras campanhas que lançaram foi "Compre dos locais", na qual criaram conscientização dos negócios locais e encorajaram os cidadãos a comprar dessas empresas. A campanha engajou 250 negócios participantes e ativou mais de 4 mil consumidores. Ao longo da campanha, as compras locais aumentaram em mais de 25%.

Geralmente pensamos no jeitinho como algo ligado a histórias de empreendedorismo de caubóis, estilo Lone Ranger, construído em torno dos esforços extraordinários e da resistência de um indivíduo. Contudo, Rembert e Stuckert esperavam catalisar o jeitinho na comunidade toda; não queriam que ela ficasse sentada, passivamente, esperando pela recuperação da economia. "Para nós, a ideia era não dependermos mais de corporações, nem de políticos ou de investimento externo", disse Stuckert.

A dupla conseguiu acionar inúmeras intervenções locais sob a bandeira de sua organização sem fins lucrativos, a Energize Clinton County. Baseando-se na experiência que tinham com o modelo de desenvolvimento econômico do Corpo da Paz, eles estabeleceram um programa de parceria na comunidade que conecta os jovens da região aos pequenos negócios que precisam de apoio. Continuaram também a expandir a influência de sua campanha de compra local, que atualmente está sendo ampliada para mais seis condados da região centro-sul do Ohio. Rembert e Stuckert também trabalharam com a cidade para instalar painéis solares comerciais e estão trabalhando com parceiros dos setores público e privado para gerar mais investimento em energia local alternativa. A lista de projetos não tem fim – de catalisar mercados de fazendeiros até construir habilidades profissionais e de programação como meio de impedir que os profissionais abandonem a cidade.

Um dos feitos mais impressionantes foi tomar a câmara de comércio, que vinha sendo assolada por dívidas e mau gerenciamento. "Queríamos que a câmara realmente fosse uma plataforma e fonte de apoio para os negócios locais", eles contaram.

Desde então, recrutaram mais de cem novos membros e criaram um novo site e uma *newsletter* semanal para manter os membros informados das oportunidades.

Visto que já não há mais crise econômica, o desafio dos amigos agora é manter a comunidade motivada para permanecer economicamente organizada sem grandes negócios. "A DHL foi consequência de um pensar pequeno", disse Stuckert. "A empresa recebia mais de meio bilhão de dólares de financiamento público para os empregos que duravam por só uns cinco anos. Mas a DHL não era o problema. Foi um aviso." A ironia reside no fato de que, caso a DHL pedisse para retornar amanhã, Rembert e Stucker acreditam que o condado abriria os braços na hora. "Mas não devíamos ficar gastando dinheiro público, dando-o para corporações internacionais", disseram. "Temos que investir localmente e em pequenos negócios." Rembert e Stuckert estão focados em manter vivo o batucar do jeitinho da comunidade, para que a cidade não volte a depender das empresas maiores.

O que eles aconselham para quem quer dar um empurrão no jeitinho de uma comunidade? "Você precisa aprender a ser um catalisador, não um ditador. Ter uma personalidade carismática certamente ajuda a colocar as coisas em movimento, mas não é muito só de uma pessoa. O mais importante é aprender a sair do caminho das coisas", Stuckert nos disse. Muito do processo de engajar a comunidade resumiu-se em perguntar mesmo às pessoas da cidade o que queriam que Wilmington se tornasse no futuro. "Fazer a comunidade ser autocrítica, sentir que está escolhendo as prioridades econômicas, é a chave", disse Rembert.

Muitos defendem que o jeitinho é, na verdade, deixar a cidade pequena e correr atrás do sucesso na metrópole, mas Rembert e Stuckert oferecem um *script* diferente. Eles investiram na região, aplicaram sua *expertise* internacional de desenvolvimento em sua cidade natal. Para ambos, ficar em Wilmington não era apenas uma chance de fazer a diferença; isso também os forçou a confrontar muito de si mesmos e crescer enquanto pessoas. "Ao invés de fugir das coisas, você tem que desempacotar os sentimentos de desconforto que tem com relação ao lugar. E muitos desses problemas que você tem com um lugar na verdade são problemas que tem com você mesmo", Rembert nos disse. É uma perspectiva revigorante. Em tempos de hipermobilidade e migração, em que toda oportunidade pode instilar o receio de estar perdendo alguma coisa, a vida na cidade pequena parece ser um antídoto.

Rembert e Stuckert não são os únicos. Por todos os Estados Unidos e principalmente nas regiões Sudeste e no "Cinturão da Ferrugem", os desajustados estão trazendo o espírito do faça-você-mesmo para revitalizar comunidades e dar um empurrão na recuperação da economia. Greensboro, Alabama, é mais uma cidade que enfrenta dificuldades econômicas, mas espera recuperar-se graças ao jeitinho de sua comunidade.

Participante historicamente próspera da economia do algodão, Greensboro anda tendo que lutar. A criação de bagre é parte importante da economia atualmente, mas a área é em geral pobre, com poucas indústrias locais. No condado de Hale, conversamos com Pam Dorr, uma desajustada que se empenha para desenvolver o jeitinho da comunidade. Nascida na Califórnia, Dorr trabalhou com marcas grandes como Victoria's Secret, Esprit e babyGap antes de mudar-se para o rural Alabama dez anos atrás. Inicialmente, Dorr veio como voluntária na construção de residências de baixo custo no condado de Hale, mas apaixonou-se pelo lugar e nunca mais saiu.

Em 1994, depois de concluir o voluntariado, deu início a um projeto chamado HERO, focada em catalisar o desenvolvimento da comunidade e acabar com a pobreza rural no Cinturão Negro, no Alabama. A receita média no condado de Hale é de 22 mil dólares por ano.[9]

Dorr está trabalhando, através da HERO, com cidadãos comprometidos em criar oportunidades econômicas. Os experimentos econômicos iniciados pela HERO incluem um brechó local, uma creche, uma oficina de bicicletas, uma loja de tortas, uma linha de produção de joias e até uma coleção de pijamas (que será lançada em breve). Ela trabalha também com jovens que largaram o Ensino Médio, oferecendo educação e conectando esses jovens a programas de treinamento de alguns de seus negócios. "Eu não tinha um plano inicial", ela nos contou. "Você não pode ter medo de errar. É tentativa e erro."

Dorr nos contou que a área de Greensboro sofreu muita emigração. O trabalho dela concentra-se em desenvolver talentos e dar um empurrão na economia local para que as pessoas sintam-se orgulhosas de caminharem pela rua principal. "Numa cidade pequena, o trabalho que eu faço conta", disse Dorr. "Dá para ver e sentir o impacto."

Comunidades que incitam o jeitinho rural em locais como Greensboro, Alabama e Wilmington, Ohio, estão

---

[9] "CBS News Profiles HERO's Pam Dorr". In: *Impact Design Hub*, 10 set. 2013. Disponível em: <http://www.impactdesignhub.org /2013/09/10/cbs-news-profiles-heros-pam-dorr-2/>.

cultivando maior resistência e autossuficiência econômicas locais, inspirando outras comunidades a dar uma segurada na economia.

☠ ☠ ☠

Nas primeiras páginas deste livro, apresentamos Walid Abdul-Wahab, o jovem que luta para instalar o mercado de leite de camelo nos Estados Unidos por meio de sua empresa Desert Farms.

A pequena população de camelos dos Estados Unidos representa um significante rebanho para os que querem fazer crescer a indústria do leite de camelo. Parte do desafio está no fato de que aumentar o número de camelos fêmeas para suprir uma crescente demanda por esse tipo de leite necessariamente resultará num aumento comparável no número de machos. Não há uso comercial imediato aparente para eles, dada a demanda muito limitada por carne de camelo no país, o que representa um desafio para os fazendeiros. Restrições importantes também se apresentam como uma barreira significativa.

A história dos camelos nos Estados Unidos começou no meio da década de 1850, como nos conta Doug Baum, historiador especializado nascido no Texas. Baum era zelador de um zoológico em Nashville, Tennessee, e levava as crianças para dar voltas nos camelos. Embora sentisse pouquíssima satisfação com o emprego, ele disse que gostava muito dos camelos. Visitantes do zoológico costumavam dar-lhe livros que falavam sobre esses animais. Um dia ele ganhou um que detalhava a história dos camelos nos Estados Unidos. Baum devorou o livro, largou o emprego e comprou dois desses animais. Ele agora viaja por todo o mundo contando essa história.

Os camelos foram trazidos aos Estados Unidos por agentes do governo como um modo alternativo de transporte para o exército no árido Sudoeste. Em 1855, o Congresso aprovou 30 mil dólares para a compra dos animais. A causa foi assumida por ninguém menos que o futuro líder dos Estados Confederados Jefferson Davis, que ajudou a juntar apoio para o "Corpo de Camelos dos EUA".

Após a Guerra Civil, os camelos foram vendidos para particulares. Desde então, os animais permaneceram muito distantes da sociedade norte-americana. Na época em que escrevemos, segundo Baum, "pouco mais de dois mil dromedários e de 300 a 500 camelos-bactrianos vivem nos EUA. Muitos estão em zoológicos e circos, mas a maioria é mantida por cerca de 20 a 30 indivíduos que criam, vendem e trabalham com os animais. O número de rebanhos varia de oito a oitenta camelos, e números significativos moram aos bocados por todo o país em ranchos particulares".

Apesar dos desafios, Abdul-Wahab e seus fornecedores persistiram, e seus esforços estão rendendo resultados iniciais promissores, embora em pequena escala.

Eles têm uma coisa a seu favor: uma demanda que cresce lentamente, conforme o boca a boca, porém de maneira contínua, espalhando as qualidades medicinais do mítico "ouro branco" ordenhado dos camelos.

Embora Abdul-Wahab seja cauteloso e não faça quaisquer alegações sobre os benefícios do leite de camelo para a saúde, ele reconhece que 90% dos consumidores são pais de autistas.

☠ ☠ ☠

Essa indústria é uma economia desajustada quintessencial. O leite é derivado de um animal estranho – não muito bonito nem carismático, nunca aceito pelo público maior (pelo menos não nos EUA), um verdadeiro desajustado do mundo animal. O produto também é incomum, uma bebida com míticos benefícios à saúde em que muitos acreditam, mas nada provado cientificamente. O comércio não tem nada de direto – os protagonistas da indústria do leite de camelo com os quais falamos descreveram que navegar pela economia é um verdadeiro desafio, com regulação remendada, pelo menos nos EUA, e existe uma barragem de obstáculos burocráticos. Entretanto, existe um grupo deveras compromissado de pessoas determinadas a levar a indústria adiante.

Em suas experiências dentro dessa economia desajustada, Walid Abdul-Wahab representa o verdadeiro espírito do jeitinho. Para ele, fazer a Desert Farms decolar não tem sido fácil: lidar com as expectativas dos pais, superar os obstáculos legislativos e lutar contra a Vigilância Sanitária, encontrar resistência cultural para com seu produto, formalizar relações comerciais com os fazendeiros *amish* e sua resistência à tecnologia e batalhar para fazer sua indústria crescer, apesar da pequena população de camelos. Com motivação e determinação, Abdul-Wahab segue em busca de seu objetivo, incansável, de construir um negócio de ampla escala e bem-sucedido comercialmente com o leite de camelo.

O jeitinho tem a ver com enxergar uma ideia e se jogar nela, e foi exatamente isso que Abdul-Wahab fez numa jornada que começou com um saquinho de leite de camelo e terminou com a criação de um negócio que tem potencial para estabelecer uma nova indústria nos Estados Unidos.

☠ ☠ ☠

Dos egressos do sistema prisional que entrevistamos aos moradores da zona rural que estão reconstruindo cidadezinhas, passando pelos protagonistas da indústria do leite de camelo que encontramos, vimos provas da tenacidade e engenhosidade que permeia a economia desajustada. A pessoa que usa o jeitinho não fica esperando que as condições perfeitas se apresentem, mas toma o destino nas próprias mãos, usando quaisquer ferramentas de que disponha, impulsionando-se adiante com vontade irreprimível de ter sucesso e determinação de sobreviver.

## CAPÍTULO 3

# CÓPIA

Margem da Água, conhecido em chinês como *Shuihu zhuan*, é uma novela do século XIV que conta a vida de Song Jiang, um fora da lei que ajuda os pobres roubando dos ricos. É uma história que muitos associam a Robin Hood e seus companheiros. E agora, pelo visto, a narrativa encontrou aplicação nova na cultura de cópia da inovação chinesa.

Por toda a China, empreendedores estão "roubando os ricos" de sua propriedade intelectual por meio de um processo conhecido como *shanzhai*. O termo se refere à pirataria ou imitação de marcas e produtos. Mas o conceito compreende mais do que imitações. Trata-se também de adaptar os produtos ao gosto do consumidor. Embora alguns argumentem que o *shanzhai* é uma forma descarada de roubo, outros apontam sua engenhosidade de não apenas imitar produtos existentes, mas também o fato de incrementar e adaptar tecnologias para mercados locais e consumidores menos afortunados.

Muitos inovadores na China e na Índia argumentam que se apropriar da propriedade intelectual de empresas maiores, sobretudo ocidentais, é um dever ético, especialmente quando essas companhias não colocam preços acessíveis em seus produtos. O *shanzhai* é uma solução atual para um dilema histórico de Robin Hood: perante um governo tirânico, roubar dos ricos para dar aos pobres.

Essa apropriação ocorre mais ainda no meio da tecnologia, que muda muito rápido. Os exemplos *shanzhai* mais bem documentados estão na indústria da telecomunicação, na qual os inovadores *shanzhai* vendem celulares por até metade do preço das marcas de renome. Além de celular, esse "setor *shanzhai*" está se expandindo para linhas de produtos mais sofisticados. Os carros elétricos *shanzhai* estão sendo montados e vendidos por entre dois e três mil dólares na província de Shandong, enquanto carros elétricos novos como o Nissan Leaf, Chevy Volt e o Prius, da Toyota, custam mais de 20 mil. Muitos inovadores *shanzhai* fornecem melhor para o mercado das massas chinês do que multinacionais estrangeiras, dada a vantagem de estarem em casa e conhecerem a base de consumidores e o que acham dos preços.

Pensemos na BYD, negócio local que começou fabricando e vendendo imitações de carros da Toyota por metade do preço. Fundado em 1995 com dinheiro da família e começando apenas com 20 empregados (hoje tem mais de dez mil), a BYD seguiu além de suas raízes *shanzhai* para tornar-se uma das fábricas de automóveis legítimos de maior sucesso da China. Em 2013, a BYD virou a décima maior marca de automóveis, vendendo mais de meio milhão de carros de passeio na China.[1] O dono, Wang Chuanfu, está entre as 500 pessoas mais ricas do mundo segundo a revista *Forbes*.

Dentro da economia desajustada, as estratégias de cópia empregadas pelos *shanzhai* são inteligentes e lucrativas. Copiar fornece um empurrão inicial para pequenos negócios locais e *startups* porque permite a elas que se nivelem num mercado que já foi estabelecido e testado pelo produto original. Isso cria um fluxo de receita rápido e confiável. Em alguns casos, como o da BYD, o copiar serviu como estratégia temporária, fornecendo meios de alcançar empresas dominantes e transferir técnicas de produção. Depois de ganhar tração, as empresas podem então preferir distanciar-se de suas raízes *shanzhai*, conforme amadurecem e buscam proteger sua parcela de mercado recém-adquirida.

---

1  2013 Passenger Vehicle Sales by Brand, ChinaAuto Web: A Guide to China's Auto Industry, January 15, 2014. Disponível em: <http://chinaautoweb.com/2014/01/2013-passenger-vehicle-sales-by-brand/>.

O fato é que essa abordagem *à la* Robin Hood da propriedade intelectual não é nem um pouco novidade. Os Estados Unidos passaram por um período *shanzhai* durante seu desenvolvimento industrial: era quando roubava patentes europeias. Em meados dos séculos XVIII e XIX, os projetos mecânicos de moedores de algodão e máquinas de tear foram tomados da Inglaterra e contrabandeados para os Estados Unidos por habilidosos maquinistas.[2] Como Doron S. Ben-Atar escreve em *Trade secrets* [Segredos do comércio]: "A aplicação fraca das leis de propriedade intelectual foi o motor principal do milagre econômico norte-americano".

No fim, o *shanzhai* não tem a ver com criar produtos novos e únicos. Tem a ver com misturar diferentes elementos que aparecem no mercado formal totalmente separados. Por exemplo, você e eu podemos comprar um iPhone ou um celular com Android, ou você pode comprar um MacBook ou um PC com Windows. Fim de papo. Os inovadores *shanzhai* olham para o que não está no menu: um smartphone que se pareça com um iPhone, mas rode o sistema Android, ou um notebook que se pareça com um Mac, mas que rode o Windows.

---

[2] ANDREAS, Peter. "Piracy and Fraud Propelled the U.S. Industrial Revolution". In: *Bloomberg*, 1 fev. 2013. Disponível em: <http://www.bloomberg.com/news/2013-02-01/piracy-and-fraud-propelled-the-u-s-industrial-revolution.html>.

## COPIAR OU NÃO COPIAR

No início do século XIX, o excêntrico escritor inglês Charles Caleb Colton disse: "A imitação é o jeito mais sincero de lisonjear". Pode ser lisonja, mas a cópia em geral é grande fonte de angústia e desagrado para quem foi imitado. Tanto cultural quanto legalmente (pela aplicação da lei de propriedade intelectual), existe uma visão amplamente sustentada de que ideias e criações são propriedade. Quando esse princípio é quebrado por um ato de cópia, a pessoa ou grupo cujo trabalho foi roubado em geral sente que sua individualidade, originalidade e autoexpressão foram injustamente desrespeitadas e exploradas.

Certamente, copiar não é um fenômeno novo. Quando Charles Dickens chegou a Boston, em 1842, ficou chateado ao descobrir livrarias vendendo cópias não autorizadas de seu trabalho. Mark Twain abriu processo no Canadá quando ficou sabendo que edições baratas não autorizadas de seus livros estavam sendo publicadas e vendidas.

O mercado dos produtos falsificados já foi muito badalado no setor de alimentos. Como reportou o *Boston Globe*:

> Um comitê de reformistas amadores que se conheceu em Boston em 1859 lançou um dos primeiros estudos sobre a pureza da comida nos EUA, e suas descobertas compõem uma leitura não muito apetitosa:

descobriu-se que balas continham arsênico e eram tingidas com cloreto de cobre; fabricantes de cerveja coniventes misturavam extratos de "nux vomica", uma árvore que libera estricnina, para estimular o gosto amargo do lúpulo. O picles continha sulfato de cobre, e o pudim em pó tinha traços de chumbo. O açúcar era misturado com gesso de Paris, assim como a farinha de trigo. O leite era diluído em água, depois engrossado com cal e cérebro de ovelha. Sacos de 45 kg de café rotulados "Bom e Velho Java" consistiam, na verdade, de três quintos de ervilhas secas, um quinto de chicória e apenas um quinto de café.[3]

Atualmente, os produtos falsificados estão aumentando sete vezes mais rapidamente que os verdadeiros; eles compõem cerca de 10% do comércio mundial. Segundo a International Anti-Counterfeiting Coalition [Coalizão Internacional Antipirataria], o comércio internacional de produtos falsos e piratas corresponde a 600 bilhões de dólares, cobrindo quase 7% do comércio mundial.[4]

---

3   MIHMi, Stephen. "A Nation of Outlaws: A Century Ago, That Wasn't China–It Was Us". *Boston Globe*, 26 ago. 2007. Disponível em: <http://www.boston.com/news/globe/ideas/articles/2007/08/26/a_nation_of_outlaws/?page=full>.

4   "Knock-offs Catch On". In: *The Economist*, 4 mar. 2010. Disponível em: <http://www.economist.com/node/15610089>.

Na China, lar do *shanzhai*, a pirataria vai parar no varejo, nos projetos de construções, até mesmo de cidades inteiras. Em 2011, autoridades chinesas de Kunming, sudeste da China, descobriram 22 lojas falsas da Apple. Os empregados copiavam até a camiseta azul e a fitinha branca do crachá; alguns talvez até acreditassem estar mesmo trabalhando para a Apple.[5] Em Pequim, um complexo de lojas e escritórios projetado pela arquiteta londrina Zaha Hadid foi replicado em Chongqing, uma cidade grande do centro da China. Na província chinesa de Guangdong, você pode ver uma réplica exata de Hallstatt, uma antiga aldeia austríaca.[6]

Em quase toda cidade grande há cobertores estendidos e mesas de produtos falsos ao longo das calçadas: carteiras e bolsas de marca, relógios, DVDs e mais. Não há lugar em que esse fenômeno seja mais evidente do que Chungking Mansions, em Hong Kong, a Meca da pirataria. Descrito como "um gueto no centro do mundo" pelo antropólogo Gordon Matthews, as Chungking Mansions compreendem 17 andares de produtos dos mercados negro e paralelo. Os

---

5  "Chinese Authorities Find 22 Fake Apple Stores". In: *BBC News*, 12 ago. 2011. Disponível em: <http://www.bbc.co.uk/news/technology-14503724>.

6  ZAVELOFF, Julie; JOHNSON, Robert. "China Unveils a Knockoff Version of an Entire Austrian Village". In: *Business Insider*, 4 jun. 2012. Disponível em: <http://www.businessinsider.com/china=has-built-a-copycat -version-of-an-entire-austrian –village-2012-6?op=1>.

vendedores te cumprimentam já na porta: "Louis Vuitton. Bolsa, bolsa. Cópia, cópia, preço bom".

É possível passar o dia ou a noite nos *hostels* que se alinham nos andares superiores do prédio. Ao zanzar pelo interior, que mais parece um shopping, durante o dia, pode-se comprar *cury masala* de uma cozinheira indiana, andar de elevador com uma prostituta queniana, trocar histórias com um pastor nigeriano e comprar um celular pirata de um vendedor iraniano de eletrônicos.

Caminhando entre compradores e vendedores estão investigadores particulares, em geral contratados por empresas multinacionais como a Microsoft e a Pfizer para policiar os mercados de produtos copiados. O trabalho deles é "levar justiça" aos criminosos responsáveis por vender produtos falsificados. Contudo, a tarefa de desacelerar o comércio *shanzhai* é aparentemente impossível, dado que a escala de falsificação na China foi permitida por leis fracas que ignoram muitos mercados de cópias. Em Chungking Mansions, o prédio tem seguranças e um sistema extenso de câmeras de vigilância, mas enquanto andávamos por ali nos ofereceram drogas Classe A, DVDs falsos e celulares de imitação. O comércio de cópias ali não parece ser impedido por forças reguladoras.

☠ ☠ ☠

O mundo da inovação pela cópia não se limita ao tipo de produto falsificado vendido nos andares da Chungking Mansions. Desde a revolução da internet, com a informação tão facilmente acessível, produtos, serviços e até mesmo negócios inteiros podem ser clonados e copiados facilmente.

A Wimdu, por exemplo, empresa com base em Berlim, é uma réplica exata da plataforma de sucesso Airbnb, um mercado *peer-to-peer* de aluguel que oferece alternativas a hotéis. A Wimdu foi formada por engenharia reversa aplicada às funções da Airbnb e pegando emprestado a aparência e a cara do site. Ilustrando o poder da iteração sobre a pura invenção, a Wimdu criou em questão de meses o que a Airbnb levou quatro anos para desenvolver. Em junho de 2011, a empresa tinha levantado mais de 90 milhões de dólares.[7]

A Wimdu foi iniciada por três alemães (agora) infames – os irmãos Oliver, Marc e Alexander Samwer –, que têm um histórico de usar engenharia reversa em inovações norte-americanas para depois vendê-las de volta ao originador por preços salgados. Eles construíram empresas que foram vendidas para o eBay e o Groupon e investiram em versões alemãs de inovações norte-americanas como o YouTube, o Twitter e o Facebook.

---

[7] WAUTERS, Robin. "Investors Pump $90 Million into Airbnb Clone Wimdu". In: *Techcrunch*, 14 jun. 2011. Disponível em: <http://techcrunch.com/2011/06/14/investors-pump-90-million-into-airbnb-clone-wimdu/>.

Numa rara aparição na mídia na *Wired*, Oliver Samwer explicou a perspectiva dos irmãos. "Somos construtores de empresas, não somos inovadores... Outra pessoa é o arquiteto: nós somos os construtores".[8]

Existem benefícios em ser construtor em vez de inovador? Quais são? Em seu livro *Copycats: melhor que o original*, Oded Shenkar explica por que os imitadores estratégicos (ou, como ele os chama, "imovadores") devem ser estudados: "Os imitadores não têm tantas chances de serem complacentes, problema significativo para inovadores e pioneiros que são levados pelo sucesso ao ponto de subestimar os perigos que espreitam no retrovisor". Os imitadores, por outro lado, que "vêm de trás, tendem a ser paranoicos com outros que possam seguir seus passos e estão mais bem preparados para repelir o ataque". Os pioneiros em geral ficam presos num único modo de fazer as coisas – o modo que inventaram –, enquanto os imitadores em geral têm mais ciência das mudanças e transformações do mercado precisamente *porque imitaram*.

Como o repórter Matt Cowan, da *Wired*, relatou, em 1998, Marc Samwer teve o instinto de que o eBay daria certo no mercado alemão, visto que o país ainda sofria com leis antigas de comércio que impediam descontos (vestígio da reunificação em 1990, após a queda do Muro

---

[8] COWAN, Matt. "Inside the Clone Factory: The Story of Germany's Samwer Brothers". In: *Wired*, 2 mar. 2012. Disponível em: <http://www.wired.co.uk/magazine/archive/2012/04/features/inside-the-clone-factory/viewall>.

de Berlim). Os irmãos Samwers concordaram. Eles contaram à *Wired* que contataram o eBay por *e-mail* diversas vezes, recomendando que a empresa replicasse a plataforma na Alemanha (e os contratassem para fazê-lo). Alegando que não obtiveram resposta alguma, os irmãos começaram seu próprio site de leilões em alemão, Alando, que foi depois comprado pelo eBay por 38 milhões de euros apenas cem dias após a inauguração. Se os Samwers não tivessem copiado, o eBay poderia ter permanecido complacente, sem perceber seu potencial dentro do mercado alemão.

A gigante da aviação norte-americana Southwest Airlines pegou um modelo (de viajar de avião) e removeu todas as firulas que a maioria das pessoas não valorizava, para oferecer uma experiência de viagem casual e barata. A Easyjet e a Ryanair (ambas europeias) replicaram, depois, a ideia da Southwest, combinando o modelo fundamental de viagem de baixo custo com suas próprias nuances. A Ryanair foi até o extremo do baixo custo, chegando ao ponto de cobrar pelo uso do banheiro, e oferecendo "lugares em pé".[9]

Como Shenkar escreve em seu livro, a Visa, MasterCard e a American Express copiaram a Diners Club (a empresa de cartões de crédito original), e a japonesa gigante dos automóveis Toyota copiou a engenharia alemã.

---

9   SHENKAR, Oded. *Copycats: How Smart Companies Use Imitation to Gain a Strategic Edge*. Boston: Harvard Business Review Press, 2010.

## **PRA QUE COPIAR?**

Muitos alegam que os copiadores estão imoralmente roubando as ideias dos outros, pondo em perigo nossa economia e empregos e até, no caso de alguns produtos falsificados – como farmacêuticos –, colocando vidas em risco. Mas existe alguma coisa que podemos aprender com eles?

Embora certamente não defendamos nem concordemos com o roubo de propriedade intelectual, acreditamos sim que a cópia na economia desajustada pode ser benéfica e exercer sua função em ajudar a alavancar a inovação.

A criatividade, em algumas indústrias, prospera com a cópia, como Kal Raustiala e Christopher Sprigman descobriram em seu livro, *The Knockoff Economy* [A economia dos falsificados]. Por exemplo, a indústria *fashion* permanece inovadora graças à cópia. Gigantes têxteis como a H&M, Forever 21 e a plataforma de compras on-line ASOS florescem imitando designs criados por marcas mais caras.

Os que defendem os falsificadores alegam que os imitadores são competidores naturais e são bons para a economia. Eles ajudam a romper monopólios e garantem a inovação. Outros argumentam que copiar é uma força do bem no mundo, que traz melhorias e incrementos e permite que produtos e funções evoluam. Piratas que emprestam propriedade intelectual, imitadores e os que se engajam na "inovação colaborativa" podem acelerar a difusão da inovação e incrementar o progresso humano. A linha de fábrica de Henry Ford, o computador pessoal, a imprensa de Gutenberg, a internet: nenhuma dessas inovações permaneceu sozinha, como no vácuo, nenhuma veio do nada nem foi uma criação única, como que por inspiração. A inovação dentro da economia desajustada em geral trata-se de construir em cima do que já foi construído, melhorar o que já existe. Todas essas invenções foram cumulativas, coletivas; todas aconteceram passo a passo, ideia sobre ideia ao longo do tempo.

Muitos de nós se prendem às próprias ideias. Mas parte de aprender a inovar é reconhecer que outras pessoas às vezes têm ideias melhores, e que aquilo que achamos ser "nossos" pensamentos não são nem um pouco ideias nossas, mas algo que apenas vimos.

Quantas vezes você já descobriu que algo do qual tinha certeza que era uma ideia ou conceito original seu também era de outras pessoas, que talvez a conceberam antes de você? A descoberta da estrutura de dupla hélice do DNA é um exemplo. James Watson e Francis Crick trabalhavam na questão enquanto Rosalind Franklin e Maurice Wilkins, da Universidade de Londres, faziam o mesmo.[10]

A teoria da evolução, embora amplamente creditada a Charles Darwin, foi independentemente concebida pelo biólogo britânico Alfred Russel Wallace. Wallace

---

10 JOHNSON, Steven. *Where Good Ideas Come From: The Seven Patterns of Innovation*. Nova York: Penguin, 2011.

mandou uma carta a Darwin delineando suas teorias sobre a evolução. Darwin ficou chocado ao descobrir que as teorias do outro eram quase idênticas às suas, que na época ainda não tinham sido publicadas. Os dois acabaram escrevendo juntos *On the tendency of species to form varieties* [Sobre a tendência das espécies de formar variedades] e *Perpetuation of varieties and species by natural means of selection* [Perpetuação de variedades e espécies por meios naturais de seleção], a primeira publicação sobre seleção natural em 1858. Mas foi somente quando Darwin publicou *A origem das espécies* um ano mais tarde que o interesse do público foi realmente captado. O livro era uma compilação da pesquisa que Darwin fizera quase 20 anos antes, e a primeira edição de 2500 livros já havia sido vendida antes mesmo do lançamento.

John Lienhard, autor de *The Engines of our Ingenuity* [Os motores da nossa engenhosidade] e professor aposentado de Engenharia Mecânica e História da Universidade de Houston, descreve melhor esse fenômeno:

> Ano passado, dois homens me disseram: "Inventei o aquecedor". Nenhum tinha ouvido falar do trabalho do outro. E cada um realmente inventou o aquecedor. Um o descrevera de modo rudimentar no início de 1937. O outro criou a forma moderna em 1962. Nenhum obteve lucro com a criação. Cada um plantou uma semente.

Cada um acrescentou algo ao inconsciente coletivo da comunidade técnica.

Esse cenário invoca a noção de um inconsciente coletivo ou invenção simultânea. Se uma ideia está "no ar" e é capaz de ser pensada por muitos, qualquer um pode ser seu dono?

## A INVENÇÃO É COLETIVA

O termo "invenção coletiva" foi popularizado pelo historiador de economia Robert C. Allen ao escrever sobre uma das indústrias mais tradicionais do mercado formal: a do aço. Com a tecnologia do motor a vapor, houve uma pletora de firmas ávidas por trocar informação, prática, técnicas e designs, de modo que nenhum inventor foi responsável por grandes inovações no setor do aço. Como Allen afirma com referência à indústria de alto-forno na Inglaterra:

> Se examinarmos um setor como o da indústria de alto-forno e determinarmos as invenções cuja difusão foi importante para o crescimento na eficiência, será impossível atribuir a descoberta a um único inventor. Certamente, ninguém recebeu a patente de muitos desses avanços. Assim, o aumento na altura do forno e na temperatura da chama que foram tão importantes para o crescimento de

produtividade no distrito inglês de Cleveland evoluiu por meio das ações de muitos indivíduos ao longo de um período de 20 anos.[11]

Historicamente, a partilha aberta de informação acabou sendo necessária por conta dos altos investimentos associados com pesquisa e desenvolvimento, que não podiam ser sustentados por uma firma individual. Como resultado, pesquisa e desenvolvimento não eram vistos como motivador para competir – era uma função pré-competição, com muitas firmas partilhando recursos. Os termos usados nem eram muito adequados, visto que muitas firmas não alocavam recursos para pesquisa e desenvolvimento em si, mas na verdade os geravam, criando "material técnico e *know-how*" como produto paralelo do investimento normal. Essa informação era, então, partilhada entre as firmas para acelerar a produtividade geral.

Embora pareça contraditório partilhar propriedade intelectual, no caso da indústria do aço, Allen escreve que "a invenção coletiva espalhou os custos entre as firmas da indústria".[12] Dadas as restrições econômicas de muitos pequenos negócios na economia atual, esse conceito parece muito mais prudente do que antiquado.

---

11 ALLEN, Robert. "Collective Invention". In: *Journal of Economic Behavior and Organization* 4, 1983, p. 1-24.
12 Ibid.

Como apontado no livro *We-think* [Nós pensamos], de Charles Leadbeater, as minas de latão e cobre da Cornualha, no sudoeste da Inglaterra, são outro exemplo de como as indústrias podem ter sucesso disseminando propriedade intelectual. Para tornar mais fácil e seguro o processo de minerar, James Watt inventou o agora famoso "motor Watt", com um design que diminui em dois terços a quantia necessária de carvão para que funcione.[13] Watt pôs no mercado e vendeu o motor em ação conjunta com o parceiro, Matthew Boulton, espalhando a inovação por toda a indústria de mineração de Cornualha. Os inventores patentearam o modelo e resolveram cobrar royalties dos donos de minas. Os mineradores se rebelaram, fazendo adaptações não autorizadas na máquina Watt original.

Em 1811, um grupo de mineradores fundou o *Lean's Engine Reporter*, com a missão de colaborar e partilhar novas tecnologias e designs de mineração. Apenas um ano após a montagem do jornal, dois inventores, Arthur Woolf e Richard Trevithick, introduziram um motor sem patente que se tornou o padrão. Permitiram que todos o copiassem. Watt e Boulton nunca mais venderam, e Woolf e Trevithick instalaram e iteraram seu modelo original, alimentados, é claro, por ideias que circulavam por toda uma comunidade caracterizada pelo compartilhamento.

---

13  LEADBEATER, Charles. *We-Think*. Londres: Profile Books, 2009.

O comércio informal de conhecimento pode ser encontrado em certos bolsões atualmente. Engenheiros de firmas rivais em geral partilham problemas em que estão trabalhando e oferecerem soluções. Na indústria da música, os empresários costumam trocar práticas uns com os outros. O antigo empresário de Lady Gaga, Troy Carter, nos disse: "Com outros empresários, sou extremamente colaborativo, mas também muito competitivo. Partilhamos informação, resolvemos problemas juntos. Mas ainda quero ganhar deles". Visto que as melhores condutas na indústria musical andam mudando, Carter diz que é impossível se manter em dia sem esse tipo de troca aberta. "Sou totalmente tranquilo com as pessoas copiando. É uma situação em que todo mundo prospera com uma ideia."

Não seria de se esperar que encontrássemos instintos desajustados de cooperação agindo dentro das indústrias tradicionais, mas existe uma forte tradição de acordos entre indústrias. No setor de energia, é comum que as empresas dividam o risco entrando juntas em projetos inovadores (procurar campos de petróleo e gás natural sob o solo ou o mar, perfurar e abrir poços). A Shell vai estruturar um campo com a Exxon, e as partes relativas de produção são proporcionais à equidade de ações no projeto. A Shell e a Exxon são donas, juntas, da empresa de extração e produção Aera Energy, por exemplo, com 52% e 48% de ações, respectivamente. Outro tipo de empreendimento conjunto pode ocorrer quando uma empresa lidera a execução do projeto e a outra assume o papel de "parceiro tecnológico" para equilibrar alguns dos custos.

Algumas firmas endossaram a inovação coletiva em pesquisa e desenvolvimento para ajudar a espalhar os custos de novas tecnologias e materiais. Por exemplo: a Coca-Cola reuniu uma coalizão de empresas, incluindo Ford, Heinz, Nike e P&G, com interesse de partilhar dados e melhores práticas em torno da avaliação do ciclo de vida (um método de determinar os impactos ambientais da vida de um produto, do começo ao fim). Essa colaboração emergiu depois que a Coca-Cola descobriu que garrafas feitas de plantas eram mais bem aceitas pelo ambiente do que as tradicionais, de plástico. Esse novo material seria caro demais como um substituto, principalmente por não haver demanda suficiente. A Coca-Cola buscou o apoio de outras empresas que poderiam se beneficiar dessa abordagem, desse modo aumentando a demanda, estimulando o fornecimento e reduzindo os custos. O resultado foi a Plant PET Technology Collaborative, cujo objetivo é acelerar o desenvolvimento de materiais e fibras PET totalmente baseadas em plantas.

## PATENTEMENTE FALSO

Onde ficam as patentes – originalmente concebidas para permitir que os empreendedores recaptassem o tempo e dinheiro que investiram para dar vida a uma ideia – na ideia de usar a cópia como estratégia da economia desajustada? Segundo o bilionário empreendedor e investidor Mark Cuban, a resposta é: em lugar nenhum. "As porcarias das patentes estão esmagando as pequenas empresas", diz ele.[14]

Nathaniel Borenstein concorda. Cientista da computação, Borenstein foi parte da primeira leva do movimento *open-source* e desenvolveu sistemas de e-mail que podiam trocar mensagens multimídia. Ele mandou o primeiro arquivo anexo em um e-mail em 11 de março de 1992 e continuou trabalhando para empresas como IBM e Mimecast. "Mesmo onde os desajustados são inovadores de sucesso, eles são geralmente trocados facilmente por *players* mais sofisticados", explicou. E continuou: "O sistema de patentes trabalha quase inteiramente para o benefício das grandes corporações".

Em 2012, a IBM recebeu 6.478 patentes do escritório de patentes, ou uma a cada 18 minutos por dia útil.[15] No geral, entre 1999 e 2008, as principais firmas de patentes, que representam 1,5% do total, eram responsáveis por 48% de todas as patentes dos Estados Unidos.[16] Em

---

14  FERENSTEIN, Gregory. "Mark Cuban's Awesome Justification for Endowing a Chair to 'Eliminate Stupid Patents'". 31 jan. 2013. Disponível em: <http://techcrunch.com/2013/01/31/mark-cubans-awesome-justification-for-endowing-a-chair-for-eliminating-stupid-patents/>.

15  "20 Years of IBM Patents". Disponível em: <http://www.research.ibm.com/articles/patents.shtml>.

16  ATKINSON, Robert. "In Praise of Big Business". 22 jun. 2012. Disponível em: <http://www.innovationfiles.org/in-praise-of-big-business-part-1/>.

contraste, a maioria das inovações vinha de gente pequena. "Dos candidatos selecionados para o National Inventor Hall of Fame, 60% foram escolhidos por invenções que ocorreram quando ainda eram inventores independentes, e não parte de uma corporação", alega o inventor Ronald Riley.[17]

Economistas importantes da Reserva Federal de St. Louis publicaram um artigo em 2013 sugerindo que não há evidência de que as patentes aumentem a produtividade. Eles argumentam que elas podem representar uma ameaça à inovação.[18] A solução? As patentes deveriam todas ser abolidas. Talvez agora seja a hora. Os debates em torno do valor das patentes e da natureza e propósito de "reivindicar" a propriedade intelectual não são novidade. No século XIX, muitos ativistas ingleses antipatente argumentavam que a inovação não devia ficar apenas com "um tipo especial de herói", mas com todos. Achavam que a coceirinha da vontade de inventar era inata.

Defensores da inovação coletiva, eles não achavam que qualquer inventor poderia nem deveria reivindicar crédito nem royalties quando "não há necessidade de recompensar a pessoa que pode ser a sortuda a fazer pela primeira vez o

---

17 RILEY, Ronald. "American Patent System About to Be Crippled". Edição revista de nov. 2001. Disponível em: <http://www.rjriley.com/multinationals/>.

18 BOLDRIN, Michele; LEVINE, David K. "The Case Against Patents". In: *Journal of Economic Perspectives* 27, n. 1, inverno 2013, p. 3-22.

que está sendo requerido".[19] Conseguir inventar o motor a vapor ou o tear de algodão era atribuído ao momento certo, no lugar certo. Se você não tivesse conseguido, bem, outra pessoa conseguiria. Você só chegou lá antes.

Parece, então, que o sistema de patentes sempre foi um instrumento de extração, um conluio entre os ricos e seu governo. O historiador Adrian Johns nota, em seu livro *Piracy: The Intellectual Property Wars from Gutenberg to Gates* [Pirataria: A guerra pela propriedade intelectual desde Gutenberg até Gates], que esses mesmos ingleses antipatente sentiam que os inventores das classes mais baixas estavam "sem esperanças perante o grande capital" graças aos custos das patentes, que em 1860 variavam de 100 a 120 libras (em torno de 585 dólares em valores atuais), ou aproximadamente quatro vezes a receita per capita. A taxa para uma patente que também cobria a Escócia e a Irlanda podia custar até 350 libras (1680 dólares). Renovar uma poderia chegar a 700 libras (3.360 dólares).[20] Embora fosse pensada para "proteger" os inovadores, a patente trazia altos custos que apenas os mais ricos podiam cobrir.

---

19  Select Committee on Patents, Parliament Papers, XVIII, 1851, p. 812.
20  KHAN, Zorina. "An Economic History of Patent Institutiuons". Publicado on-line pela Economic History Association. Disponível em: <http://eh.net/encyclopedia/an-economic-history-of-patent-institutions/>.

## Copiar pelo bem maior

De muitos modos, os piratas da propriedade intelectual existem em resposta à inequidade do sistema de patentes. Existem também como contraforça ao monopólio dos grandes negócios. Dentro da economia desajustada, muitos sentem que "arrancar" a propriedade intelectual é não somente justo como moralmente justificável.

Como nos disse Jean-Phillippe Vergne, coautor de *The Pirate Organization* [A organização pirata]: "Os piratas aparecem ao longo da história para desafiar as tentativas de controle de monopólio". Vergne disse que no século XVII a Companhia das Índias Ocidentais reivindicava direito sobre todas as rotas marítimas que descobriram. Mas depois de contínuos ataques de piratas, tais rotas foram declaradas "águas internacionais".

Veja o modo como as rádios piratas, nos anos 1960, na Inglaterra, procuraram colocar um fim na dominação das ondas que a BBC perpetrava, transmitindo seu próprio conteúdo. Estações de rádio piratas quebraram o monopólio da e forçaram a Rádio BBC a se reestruturar e começar a oferecer música mais diversa. A BBC chegou a contratar diversos DJs de rádios piratas para suas próprias estações.

Uma virtude dos inovadores é que podem incrementar o ritmo da inovação tecnológica e da difusão. Nas áreas em que as tecnologias e produtos são vitais para o bem do público – como remédios essenciais, energia alternativa ou telecomunicação –, os falsificadores podem democratizar produtos e serviços vitais.

O sucesso de empresas farmacêuticas que fazem genéricos na Índia e no Brasil ofereceu competição pesada para as empresas multinacionais. No início, esses rivais eram encontrados apenas em mercados domésticos, mas conforme os fabricantes na Índia e no Brasil cresceram e começaram a exportar, ameaçaram a parcela global de mercado das multinacionais.

Na Índia, por exemplo, foram decretadas políticas nos anos 1970 que permitiam que empresas locais copiassem remédios de patente estrangeira sem pagar taxa de licenciamento. Essa lei estimulou a indústria farmacêutica local independente, assim como permitiu que os remédios ficassem mais baratos. Os pacientes podiam receber tratamento para AIDS/HIV que custaria apenas 200 dólares por ano, comparado com a contrapartida de marca, que passava dos dez mil.[21]

Sob a nova lei de patentes que entrou em vigor quando a Índia aderiu à OMC, os fabricantes de medicamentos indianos não podiam mais fabricar e vender versões feitas por engenharia reversa de remédios com patente pertencente a fabricantes estrangeiros. Muitas empresas farmacêuticas locais foram para o *underground*. Empurrando-se esses *players*

---

21  TAYLER, Yoland (org.). *Battling HIV/AIDS: A Decision Maker's Guide to the Procurement of Medicines and Related Supplies*. The World Bank, 2004, p. 80.

para o mercado negro, o controle de qualidade sofreu. Muitos medicamentos falsificados simplesmente não mais batiam com os padrões ou não faziam o que alegavam fazer.

Em contraste, no Brasil, o governo reteve muito de seu poder de barganha e não forçou a indústria da cópia ao mercado negro. Muitos remédios essenciais foram considerados "além de ser patenteados". Em 2005, a Assembleia Legislativa Brasileira passou uma lei que postulava que remédios para tratamento de AIDS/HIV não podiam ser patenteados.[22] Ademais, no mesmo ano, o país pediu a empresas farmacêuticas estrangeiras que dessem licença para produção genérica de seus antirretrovirais para seu programa de controle de DST/AIDS.[23]

A Alemanha, no começo do século XX, fez a mesma coisa. De modo similar ao Brasil, ao criar "domínios não patenteados" para medicamentos essenciais, a Alemanha legislou que as patentes não poderiam ser obtidas para alimentos, produtos farmacêuticos nem químicos. As consequências resultaram em "produtividade e difusão estimuladas nessas indústrias".

---

22 GRECO, D. B.; SIMÃO, M. "Brazilian Policy of Universal Access to AIDS Treatment: Sustainability Challenges and Perspectives". In: *AIDS 2007* 21, sup. 4, p. 37-45.

23 KAISER NETWORK. "Brazil Requests Voluntary Licensing for AIDS Drugs to Treat More Patients, Reduce Costs of Importing Patented Drugs". 17 mar. 2005. Disponível em: <http://www.medicalnewstoday.com /medicalnews.php?newsid=21378>.

No que tange às inovações que têm influência direta no bem do público, o licenciamento aberto – como o que o governo brasileiro implementou – tornou-se o caminho preferido. Não são apenas os governos que usam dessa abordagem. Os empreendedores e os inovadores estão criando esquemas de licenciamento flexível e inovação aberta para fazer com as inovações mais vitais se multipliquem.

## Como o download ilegal inspirou a inovação

Se você é como muitos milhões que consomem música, filmes e programas de TV por meio da internet, deve ter frequentado o Netflix, a loja de música do iTunes, o Spotify ou o Hulu. Talvez até tenha usado todos eles.

Não há dúvida de que os programas legais de compartilhamento de música como o Pandora e o Spotify devem muito a seu pai ilegal, o Napster, programa que explorava as vulnerabilidades da indústria musical e fez surgir uma poderosa alternativa.

Aparelhos de armazenamento como o Dropbox e o Google Drive devem muito a sites de pirataria ilícita com o Megaupload. Ademais, muito da tecnologia de vídeo em *streaming* que hoje faz funcionar serviços como o Netflix e o Hulu devem muito à indústria pornográfica; os sites pornôs foram alguns dos primeiros a abraçar essa tecnologia.

Muitos inovadores do mercado paralelo – seja da tecnologia de *streaming* ou da funcionalidade do compartilhamento de arquivos – precederam oportunidades de negócio legal mais lucrativas. Tanto no mercado de *streaming* quanto no de compartilhamento, essas plataformas transformaram o modo como a indústria entendia o conteúdo de entretenimento, de algo que o usuário possuía a algo que emprestava ou alugava. O que a segunda leva de plataformas (Hulu, Netflix, Pandora e Spotify) implementou, contudo, foi uma etiqueta sancionada em torno do compartilhamento de arquivos.

Sites de compartilhamento não tinham como reembolsar os criadores de conteúdo, daí o constante ultraje de muitos músicos, artistas e empresas de entretenimento. Após enfrentar acusações de que estava roubando os artistas, a Pandora disponibilizou dados indicando que mais de dois mil de seus artistas ganhariam dez mil dólares no ano seguinte, enquanto mais de 800 recebiam mais de 50 mil. Artistas populares como Adele, Coldplay e Lil Wayne ganharam mais de um milhão anualmente através do site.[24] Em comparação, o Spotify pagou (até novembro de 2014) mais de dois bilhões de dólares em royalties à indústria da música desde seu lançamento, em 2008.[25] A quantidade que cada artista recebe baseia-se em sua popularidade.

24   WESTERGREN, Tim. "Pandora and Artist Payments". 9 out. 2012. Disponível em: <http://blog.pandora.com/2012/10/09/pandora-and-artist-payments/>.
25   EK, Daniel. "Two Billion and Counting". In: *Spotify Artists*, 12 nov.

Empresas de compartilhamento de vídeos como Hulu e Netflix também se mantiveram firmes na etiqueta, pagando aos fornecedores de conteúdo por meio de modelos de negócio adaptados construídos em cima do esquema de inscrição de membros. Até dezembro de 2013, o Hulu tinha cinco milhões de inscritos no Hulu Plus, o serviço *premium*, e estimava chegar a um bilhão de dólares em receita.[26] Por sua vez, o Netflix tem mais de 65 milhões de membros em todo o mundo[27] e fez um contrato exclusivo de três anos com a Disney estimado em 300 milhões de dólares.[28]

Embora essas plataformas usem acordos de licenciamento tradicional para compensar os fornecedores de conteúdo, elas também enfrentam competição de plataformas de compartilhamento ilegal. A ironia é que negócios como o Hulu e o Spotify teriam enfrentado mais dificuldade para decolar caso as plataformas ilegais não tivessem sacudido a indústria.

Alguns sites ilegais que hospedam filmes e séries piratas são ainda instrumentais para o desenvolvimento e

---

2014. Disponível em: <http://www.spotifyartists.com/2-billion-and-counting/>.

26 HOPKINS, Mike. "A Strong 2013". In: *Hulu Blog*, 18 dez. 2013. Disponível em: <http://blog.hulu.com/2013/12/18/a-strong-2013/>.

27 Investor Relations, Netflix. Disponível em: <http://ir.netflix.com/>.

28 ORDEN, Erica; STEWART, Christopher S.; SHERR, Ian. "Disney Deal Puts Netflix in Pay-TV Big League". In: *The Wall Street Journal*, 4 dez. 2012. Disponível em: <http://online.wsj.com/articles/SB10001424127887323901604578159432752905010>.

crescimento das entidades legais. Quando o Netflix introduziu seus serviços na Holanda, a empresa deixou claro que usava informação de sites piratas para decidir quais séries e filmes comprar e oferecer. Kelly Merryman, vice-presidente da empresa de aquisição de conteúdo, disse ao Tweakers, um site holandês dedicado a cobrir tecnologia: "Com a compra de séries, procuramos o que vai bem em sites de pirataria".[29]

Os artistas estão encontrando modos de enfrentar a loucura do download ilegal e evoluindo com o passar do tempo. Perante as políticas de compartilhamento, alguns artistas foram mais criativos. Em vez de lançar um álbum regular, Beck lançou o *Beck Hansen's Song Reader* [Leitor de Canções de Beck Hansen], que consistia de música em partitura em vez das gravações. Se os fãs quisessem escutá-las, tinham eles mesmo que tocar. Um passo como esse incentiva um consumo menos passivo do conteúdo, visto que aos fãs é dada a função de levar vida à música.

### DEIXAR QUE BOAS IDEIAS SE ESPALHEM

Em seu livro *De onde vêm as boas ideias*, Steven Johnson afirma: "Proteger ideias de imitadores e competidores também as

---

[29] SCHELLEVIS, Joost. "Netflix baseert aanbod deels op populariteit video's op piraterijsites". 14 set. 2013. Disponível em: <http://tweakers.net /nieuws/91282/netflix-baseert-aanbod-deels-op-populariteit-videos-op-piraterijsites.html>.

protege de outras ideias que as possam melhorar (e) transformar... em verdadeiras inovações".[30] Cada vez mais os inovadores desajustados estão reconhecendo isso e preferindo integrar a etiqueta da imitação no DNA de seus próprios negócios.

Stephen Song, fundador da Village Telco,[31] entende a cópia como "inovação pelo bem público". Sua empresa, que fabrica hardware e software para redes de telefonia de baixo custo, tem por objetivo fazer da criação de uma empresa de telefonia algo tão simples como criar um blog. Song e sua equipe projetaram a tecnologia de rede de telefonia – que permite que uma empresa dessa área seja instalada em minutos em qualquer lugar do mundo, sem a necessidade de torres de celular nem de fios –, mas recusou-se a patentear. Em vez disso, deu o projeto a um fabricante, que por sua vez concordou em produzir o hardware mais barato e ficar aberto a futuras alterações feitas por outras pessoas no projeto.

Deixando sua tecnologia aberta, Song criou o que chama de "uma trilha que leva direto à confiança". A Village Telco agora tem uma rede de mais de 500 pessoas ao redor do mundo que contribuem com sua tecnologia mais rápido

---

30   JOHNSON, Steven. *Where Good Ideas Come From: The Seven Patterns of Innovation.* Nova York: Penguin, 2011.

31   Parte deste texto aparece num artigo escrito por Alexa Clay e Roshan Paul intitulado "Scaling Social Impact by Giving Away Value", que saiu no *Stanford Social Innovation Review*, 26 set. 2011. Disponível em: <http://www.ssireview.org/blog/entry/scaling_social_impact_by_giving_away_value>.

do que ela faria sozinha. Um usuário procurou customizar a empresa para servir melhor ambientes locais e pequenos negócios. Agora 30% da comunidade está usando a versão *dele* do produto, em vez da original.

O inovador brasileiro Sérgio Prado encontrou um jeito de usar a patente para o bem (público) e não para o mal. "Uma patente é apenas uma unidade de informação", Prado nos disse quando descrevia como e por que patenteou seu processo de criar material de construção a partir do lixo. Para ele, as patentes foram um modo de empacotar suas soluções em maior escala. "Nosso objetivo é que a patente não impeça a adoção da inovação, mas que permita que a colaboração internacional imediata desenvolva, teste e produza novos materiais de construção e utensílios domésticos em ampla escala". Visto que as soluções patenteadas de Prado são voltadas para o bem público – não somente resolvendo o problema do lixo, mas também fornecendo moradia mais barata –, ele permite licenciamento flexível, encorajando outros a usar de graça seus métodos patenteados.

Um espírito colaborativo similar escora a Copyleft, forma de licença popular entre a comunidade do *open-source*, pelo qual um software é colocado em domínio público com a condição de que qualquer uso, modificação ou redistribuição do código do programa sejam também colocados em domínio público. Isso requer que os programadores que mexam num programa compartilhem suas inovações com os programadores originais e toda a comunidade.

Na corrida para decodificar o genoma do cacau, Howard-Yana Shapiro e sua equipe seguiram caminho similar. Na confeitaria Mars Incorporated, Shapiro liderou os esforços para o sequenciamento do genoma do cacau, depois colocou tudo que aprendeu em domínio público. Shapiro lembra-se que a conversa, quando foi pedir permissão, durou cerca de cinco minutos: "Gostaria de sequenciar o genoma do cacau. Vou precisar de seis a oito milhões de dólares pra isso. E quero doar tudo e colocar em domínio público". E foi assim.

Shapiro não parou por aí. Atualmente ele trabalha para sequenciar 96 plantas subutilizadas. Essa categoria engloba alimentos vitais à nutrição de fazendeiros que vivem do que plantam por toda a África, Ásia e América Latina: feijão de corda e feijão-mungo (leguminosas), amaranto, sorgo, mexoeira e xaafi (cereais). Nas palavras dele: "São plantações pobres feitas pelas próprias pessoas; não faz sentido segurar a propriedade intelectual". Além de sequenciá-las, Shapiro está trabalhando com redes de cultivo na África para garantir que as plantas sejam distribuídas.

Algumas pessoas acham que ele enlouqueceu; outras acreditam que o escopo do que ele está tentando realizar é grande demais. Contudo, Shapiro está engajado numa missão para mudar a conversa – não apenas sobre o sequenciamento, mas sobre a noção de propriedade intelectual. "Abrimos mão da dominância dessa *commodity* [cacau] porque ela toca o dia a dia dos fazendeiros de subsistência. Por que querer ser dono, defender e restringir o uso da planta se isso pode gerar consequências negativas para as vidas de outras pessoas?"

De modo similar, Chas Bountra, outro desajustado que conhecemos, está tentando mudar a pesquisa e desenvolvimento no ramo farmacêutico. Com mais de duas décadas de experiência na GlaxoSmithKline, ele lidera o Consórcio de Genômica Estrutural da Universidade de Oxford. Está trabalhando para criar pesquisa e desenvolvimento *pré-competitivos*.

Bountra está em busca de investidores e competidores da indústria para investir fundos para o desenvolvimento de novos alvos terapêuticos. O orçamento e o alvo da P&D estão resolvidos e receberam investimento; somente quando os medicamentos atingem os testes da Fase III é que os patrocinadores serão capazes de comprar os remédios e levá-los ao mercado. Por meio dessa abordagem, Bountra espera deixar para trás consideráveis desperdícios e redundâncias em P&D. Atualmente, uma empresa farmacêutica trabalha num alvo terapêutico que outra tenha considerado um beco sem saída, mas como as empresas estão competindo, não há incentivo para partilhar esses becos sem saída: é vantajoso para uma empresa gastar os recursos da outra. A abordagem de Bountra criará infraestrutura pré-competitiva que permitirá às empresas cooperar em P&D enquanto ainda competem para levar os medicamentos ao mercado.

Inovadores como Bountra e Shapiro nos mostram a importância de não ter medo de dar as mãos aos competidores para trabalhar sobre áreas de vulnerabilidade mútua. Arranjos pré-competitivos têm precedente histórico e podem ser necessários agora mais do que nunca, quando setores essenciais da economia – energia, farmácia e alimento – vêm repensando seus modelos de negócio.

## O *TIMING* É TUDO

Há justificativa para copiar (é bom para os negócios e bom para a humanidade) quando é você que copia. Mas e quando é você o copiado?

Eric Rosenbaum é um dos criadores de MaKey MaKey, um "kit de invenção" que facilita transformar objetos comuns da residência em controles de videogame (transforma bananas em teclas de piano, cria um *joystick* a partir de um desenho a lápis). Eric e seu parceiro nos negócios, Jay Silver, usaram o Kickstarter para juntar fundos para o projeto. Com um objetivo inicial de 25 mil dólares, Rosenbaum e Silver acabaram juntando US$ 568.106.

O que faz desse caso interessante é como duas culturas pouco convencionais de inovação – a do *open-source* e a *shanzhai*, da inovação pirateada – colidiram. Através de uma série de eventos, Rosenbaum e Silver descobriram um clone de sua ideia, chamado DemoHur, num site chinês do Kickstarter. E os fundadores do MaKey MaKey não gostaram nada disso.

O problema não foi o fato de os chineses terem emprestado elementos da ideia da dupla: o MaKey MaKey é *open-source*, o que significa que está aberto a mudanças e iterações. Foi o jeito como fizeram. A empresa chinesa relançou a propaganda do MaKey MaKey tintim por tintim. Não diferenciaram o seu produto do outro. E não tentaram contatar Rosenbaum e seu parceiro para pedir permissão. Entretanto, a ideia foi um sucesso no mercado chinês, visto que a empresa chinesa acabou levantando mais de 236% da intenção inicial de juntar fundos (ou 16.346 yuans / 2.635 dólares).

Nesse caso, foi uma total falta de etiqueta. Se os imitadores chineses tivessem contatado o MaKey MaKey ou procurado colaborar, até mesmo homenagear os inovadores originais, a história teria sido diferente. Muito do comportamento dos copiadores resume-se à etiqueta. Se você está aprendendo e pegando emprestado dos outros, é importante reconhecê-los.

Andrew Weinreich, empreendedor nova-iorquino que criou o Six Degrees, um dos primeiros sites de rede social, sabe como é ser copiado. Fundado em 1996, o Six Degrees baseava-se na ideia popular (e no jogo de Kevin Bacon) de que todo mundo está conectado por seis graus de separação. O Six Degrees essencialmente dava a possibilidade de "ver" pessoas que você não conhecia através da rede das que conhecia. O interessante é que, sem fotografias, você veria apenas uma lista de amigos em comum.

Embora muitos de nós estejamos bastante familiarizados com o Facebook, o MySpace e até mesmo o Friendster, o Six Degrees é relativamente desconhecido. Mas não foi um fracasso. No auge, o site tinha mais de um milhão de usuário e cem empregados. Sua funcionalidade foi patenteada (agora o dono é o LinkedIn). Em dezembro de 2000, o Six Degrees foi vendido para a Youthstream Media Networks por 125 milhões de dólares. Um tremendo sucesso.

Perguntamos a Weinreich se ele ficou chateado de ver o Six Degrees minguar, apenas para ser substituído por outros sites de rede social de muito sucesso. Se ele guardava mágoa de Mark Zuckerberg e o sucesso do Facebook.

"Nem um pouco", Weinreich nos disse. "Quando as pessoas copiam coisas contemporâneas é mais chato do que quando fazem isso depois." Então o tempo e o espaço tornam a cópia mais fácil de aceitar. E acrescentou: "É esquisito hoje em dia ter uma ideia que ninguém já esteja fazendo".

O Six Degrees foi lançado oito anos antes do Facebook. Na época, o cenário tecnológico era outro. Weinreich nos contou como (enquanto ainda tocava o Six Degrees) a principal demanda dos usuários era poder postar uma foto com um perfil, mas poucos tinham máquinas fotográficas digitais. Os celulares com câmera ainda não existiam no mercado comum.

Embora pareça inimaginável agora, Weinreich lembra-se de pensar no que o Six Degrees precisaria para permitir que as pessoas mandassem uma fotografia física. A equipe dele precisaria escanear cada uma e subir para o site. "Estávamos pensando literalmente na linha de montagem que seria necessária para que as pessoas mandassem fotos. E então houve o surto do '.com', e pouco depois passamos de um mundo no qual não havia máquinas digitais para (um onde) todo mundo (anda) com máquinas digitais."

Para Weinreich, o Facebook jamais teria chegado ao nível em que chegou se não houvesse a fotografia digital (o Facebook é atualmente o maior depositário de fotos do mundo, com mais de 250 bilhões, segundo Mashable).[32] Sua execução superior à de competidores como o MySpace (que tinha uma interface muito menos acessível) também foi importante. O fato de o Facebook ter vindo muito mais tarde deixou Weinreich menos incomodado com o sucesso da plataforma. Embora copiar possa ser muito irritante, é algo que também exerce um papel essencial na aceleração da inovação.

É importante lembrar que a pessoa que inventa uma ideia nem sempre é a melhor para executá-la ou ver essa ideia crescer. Se você for um ser criador sentado numa fonte de ideias, certifique-se de enfatizar a execução em detrimento da propriedade. Não se perca no jogo infantil do "isso é meu". Não se trata do que você é capaz de pensar ou imaginar, mas do que é capaz de fazer. E se você estiver do

---

32  WAGNER, Kurt. "Facebook Has a Quarter of a Trillion User Photos". In: *Mashable*, 17 set. 2013. Disponível em: <http://mashable.com/2013/09/16/facebook-photo-uploads/>.

outro lado – a pessoa que leva a ideia de alguém para outro patamar –, então preste homenagem ao inovador. A lisonja pode ser muito benéfica.

☠  ☠  ☠

Explorando o mundo dos desajustados que imitam, vimos virtude na prática de copiar. Embora não encorajemos nem endossemos o roubo de propriedade intelectual, acreditamos que existe grande valor na vontade de buscar inspiração nos outros, e construir em cima das ideias deles com melhorias e desenvolvimento. Acreditamos que esse modelo de inovação coletiva é intrínseco ao processo criativo e que esse espírito deveria ser incrementado na economia formal para acelerar a difusão da inovação e ajudar a evitar o estabelecimento de monopólios.

Observamos a criatividade de copiadores que, sem o fardo de uma ligação emocional a suas invenções, adaptaram seus produtos para servir melhor às necessidades do mercado. E aprendemos que o sucesso de um empreendimento pode ter mais a ver com a execução e o *timing* do que com simplesmente ter uma brilhante ideia original.

## CAPÍTULO 4

# HACKEAR

Sam Roberts, um jovem hacker inglês, nasceu em Whitby, cidadezinha costeira de North Yorkshire, e seus pais eram cheios de grandes expectativas. O pai nunca foi homem de elogiar facilmente; encorajava Sam e seus dois competitivos irmãos mais velhos a "fazer melhor". O avô de Roberts foi, até onde ele sabe, a primeira pessoa no Reino Unido a construir um portão de garagem automático (para seus próprios propósitos, e não para comercializar) juntando partes de uma antiga máquina de lavar roupa. Mais tarde, Roberts pai criou uma inovação essencial na mineração, um cabo elétrico que permitia aos mineradores dar energia a lâmpadas de 40 watts sem causar faíscas fortes o bastante para botar fogo em gases. A rainha da Inglaterra honrou-o pela invenção. E então seja explícita, seja implicitamente, ou ambos, Sam Roberts recebeu o recado: com trabalho duro e persistência, você pode conseguir o que quiser.

    O caminho de Roberts pelo mundo dos hackers começou após o aniversário de nove anos. Ele ganhou de presente um kit de eletrônica, e com este, configurou um alarme antifurto. Após conectar o alarme à porta do quarto, separou um dos *walkie-talkies*, ligou um microfone ao alarme num circuito, depois conectou outros *walkie-talkies* ao redor da casa para notificá-lo de algum intruso. Quando criança, Sam nos contou, ele era obcecado por abrir e desmontar as coisas. Brinquedos, controles remotos, rádios, motores elétricos. Tinha determinação de saber como tudo funcionava por que, segundo ele, "é o único jeito de poder hackear, com o intuito de fazer algo diferente". Poder e controle também tiveram sua participação no amor de Sam pelo processo de hackear. Ele nos contou que adorava a sensação de conhecer tão bem um sistema que poderia manipulá-lo para fazer o que quisesse. Era viciado também na sensação de contar às pessoas que tivera acesso a algo a que a maioria não tinha. Quando lhe pedimos que descrevesse essa sensação, ele começou a nos contar de sua paixão pela mágica, que desenvolveu enquanto criança: "A ilusão era um barato. Adorava ver as reações das pessoas quando eu fazia algo que parecia impossível. Hackear é muito parecido".

    Roberts continuou cultivando sua paixão pela montagem anos mais tarde, estudando eletrônica e engenharia de comunicação na Universidade de York. Após a graduação, começou trabalhando primeiro como engenheiro de sistemas, e depois como hacker "do bem", ajudando a proteger e fortalecer redes do governo. Seu trabalho incluía atacar sistemas oficiais, encontrar vulnerabilidades e consertá-las.

Roberts nos contou que, quando menino e depois adolescente, ficou obcecado em aprender tudo o que podia sobre o processo de invasão de sistemas. Comprou um livro, *The anti hacker toolkit* [O kit anti-hacker], e foi estudando os capítulos um por um. Aprendeu a hackear redes sem fio e superar barreiras de segurança erguidas por hotéis e outros estabelecimentos ao redor de Cheltenham, em Glouscestershire. Praticava invadindo os computadores dos colegas de quarto (e contando para eles logo em seguida), achando um jeito de redirecionar o tráfego de internet deles para seu próprio computador.

Aos 25 anos de idade, estava com muita vontade de começar uma empresa própria. Foi apresentado a um diretor de telecomunicações que lhe deu uma estação-base móvel 2G para levar para casa. Roberts estudou as mensagens que ela enviava e enviou as suas próprias até que o sistema as compreendeu. Assim que desvendou os aspectos cruciais do protocolo (o que levou seis meses), Roberts desenvolveu um sistema que poderia controlar a estação-base e as ligações e mensagens SMS. O cara construiu uma rede de celular dentro do quarto.

Atualmente, Sam Roberts trabalha junto do irmão Oliver com instalação de redes de telecomunicação móvel 4G por toda a Europa, e continua a abraçar o imperativo hacker: a motivadora necessidade de entender como os sistemas funcionam e reconstruí-los de modo evoluído.

## O MOVIMENTO HACKER

Em seu livro *Hackers*, Steven Levy fala do nascimento e evolução do movimento hacker. Ele começa com a primeira interação desse grupo, que se juntou no começo da década de 1960, quando o Massachusetts Institute of Technology (MIT) adquiriu seu primeiro computador programável. A programação obsessiva do grupo pelas máquinas e a relação que construíram com os sistemas fizeram surgir a Ética Hacker, um manifesto informal, organicamente desenvolvido e de total consenso que, em diversas iterações, continua levando em frente o movimento hacker:

- O acesso a computadores – e qualquer coisa que possa ensinar-lhe algo sobre o modo como o mundo funciona – deve ser ilimitado e total.
- Todas as informações devem ser livres.
- Desconfie da autoridade – promova a descentralização.
- Os hackers deveriam ser julgados pelo hackear, não por critérios pífios como escolaridade, idade, raça ou posição.

- Pode-se criar arte e beleza em um computador.
- Os computadores podem melhorar a sua vida.

Encontramos essa ética muito bem viva entre os hackers que entrevistamos. Quando perguntamos por que eles hackeiam, ouvimos variações de "por causa da fissura de mandar um computador fazer o que você o programa para fazer". Na verdade, um dos significados de hacker, conforme proposto por Eric S. Raymond em *The Jargon File* [O arquivo dos jargões] (uma bíblia para todos os hackers), é: "Aquele que aprecia o desafio intelectual de superar ou lograr limitações de modo criativo".

Falamos com diversos hackers que atuam sob o epíteto de Anonymous que confirmaram essa motivação. Anonymous, conforme descrito pela antropóloga Gabriella Coleman, é um "nome empregado por vários grupos de hackers, tecnólogos, ativistas, defensores dos direitos humanos e *geeks*".[1] Eles apareceram nos jornais do mundo todo quando tomaram a Igreja de Cientologia, atacando e desfigurando o site depois que um vídeo de Tom Cruise feito para promoção interna vazou para o público. Grupos atuando sob o nome Anonymous dominaram a Aiplex – empresa indiana contratada para derrubar sites de download ilegais como o Pirate Bay – e os que hospedavam a Motion Picture

---

1   COLEMAN, Gabriella. "Our Weirdness Is Free". In: *Triple Canopy*. Disponível em: <http://canopycanopycanopy.com/contents/our_weirdness_is_free>.

Association of America e a Recording Industry Association of America.

Passamos mais de um ano nos correspondendo com um ex-membro da Anonymous, que nos contou que sua motivação para entrar no grupo foi poder acessar sistemas que não foram pensados para ser acessados. Ele disse que o instante em que decidiu juntar-se ao Anonymous foi quando identificou a causa que tinha a ver com sua visão de mundo. Por sua crença na informação livre e aberta, ele começou a participar de ataques contra as empresas que tentavam desmantelar serviços com o Pirate Bay.

Quando perguntamos sobre sua infância, imaginando por que foi se interessar por hackear, ele lembrou-se de voltar para casa um dia, da escola, ligar o computador e perceber que tinha sido atacado por um vírus. "Queria entender como algo que não permiti abriu caminho para dentro do meu computador." Ele ficou obcecado, então, em entender computadores – como eram construídos, como funcionavam e como um ser humano poderia manipulá-los.

Também nos contou sobre um incidente de bullying na escola, momento em que um colega de sala o provocou e atormentou. Ele foi falar com o diretor, crente de que recorrer à autoridade resolveria o problema. O diretor o culpou por colocar-se em posição de vítima, antes de mais nada. Foi quando ele perdeu o respeito pela figura de autoridade e manteve-se firme no desejo de contrariá-las e a tudo aquilo que representam. Isso foi muito importante na sua decisão de usar sistemas de computador para ajudar as causas que desafiavam a autoridade na qual ele não mais confiava. Ficou claro para nós que a motivação para hackear era em geral uma combinação da sensação que se tem ao resolver uma charada ou mistério complexo, um ceticismo fundamental para com a autoridade e a convicção de que a informação deveria estar sempre livremente disponível.

Com Sam Roberts e alguns membros do Anonymous aprendemos que os hackers acreditam veementemente que é preciso desmantelar as coisas para compreendê-las. Desse modo, podem ver não somente as partes de que um sistema é composto, mas também a conexão entre elas. São devotados ao desenvolvimento perpétuo de sistemas; e no intuito de melhorar algo com eficácia, devem ter acesso irrestrito a toda informação pertinente. Sem esse acesso livre, creem que nunca se pode realmente saber como um sistema funciona, lá dentro. Naturalmente, isso torna o hacker dedicado a botar mãos na informação, e tudo o que impeça isso é visto como um obstáculo indesejado.

Enquanto escrevíamos este livro, ficamos sabendo do suicídio de Aaron Swartz, hacker, construtor prolífico e guerreiro defensor da causa da informação aberta e livre. Em sua radical e curta vida – ele tinha apenas 26 anos –, coescreveu aos 14 o sistema da Real Simple Syndication (RSS), inovação essencial para o desenvolvimento do Google Reader, tecnologia que muitos utilizam todo dia. Participava também da Open Library, plataforma que procura publicar, livremente, uma página de todo livro publicado. Cofundou o Reddit, site de notícias conduzido por usuários de grande popularidade. Foi um soldado extremamente dedicado ao movimento *open-source*/código/web, contribuindo para a criação da licença Creative Commons (como contramedida ao *copyright*, o Creative Commons é uma estrutura de licenciamento projetada para criadores de conteúdo compartilharem livremente seu material, permitindo que outros trabalhem legalmente em cima do que já foi feito).

Mais tarde, Swartz foi um general na luta contra a censura na internet, fundando o Demand Progress, grupo de direitos digitais que exerceu papel-chave na defesa do Stop Online Piracy Act [Ato Contra a Pirataria On-line], medida que buscava controlar quais sites as pessoas poderiam visitar, proposto pelo Congresso norte-americano em 2012. Seu ativismo foi animado pela crença de que toda informação necessária para fazer do mundo um lugar melhor deveria ser livre.

Em 2008, ele escreveu o manifesto *Guerilla Open Access*, no qual afirmou claramente suas crenças:

> Precisamos pegar a informação, onde quer que esteja estocada, fazer nossas cópias e partilhar com o mundo. Precisamos pegar coisas que estão fora de *copyright* e acrescentar ao arquivo. Precisamos comprar bases de dados secretas

e colocá-las na rede. Precisamos baixar jornais científicos e subi-los para redes de compartilhamento de arquivos. Precisamos lutar pelo Guerilla Open Access.[2]

Isso explica a missão que, infelizmente, acabaria por consumi-lo. Na busca para liberar informação trancada por trás das instituições acadêmicas e sua cobrança financeira, ele começou a baixar tesouros enormes de artigos acadêmicos da JSTOR, um hospedeiro principal, pela rede sem fio do MIT. Quando o MIT reparou e bloqueou o acesso sem fio dele, ele invadiu. Abriu caminho até um bastidor e plugou-se na rede da escola. O MIT descobriu a operação, e em julho de 2011 ele foi acusado pela promotoria de Massachussetts com uma possível sentença de 35 anos de prisão e um milhão de dólares em multas.

Em janeiro de 2013, enquanto aguardava processos por vários supostos crimes virtuais, Swartz tirou a própria vida. Nunca saberemos exatamente por quê. Contudo, alguns de seus familiares culparam o sistema de justiça e suas táticas de intimidação, dizendo: "Decisões tomadas pelos oficiais do Escritório de Promotoria de Massachussetts, EUA, e do MIT contribuíram para a morte dele. O Escritório de Promotoria abriu uma série

---

2   SWARTZ, Aaron. "Guerrilla Open Access Manifesto". Jul. 2008. Disponível em: <https://archive.org/details/GuerillaOpenAccess-Manifesto>.

excepcionalmente dura de acusações, juntando potenciais 30 anos de prisão para punir um suposto crime que não teve vítima alguma".[3] Podemos concluir que a possibilidade de ficar preso, como a informação que Swartz tão zelosamente procurava libertar, foi como um anátema para ele mesmo.

## Hack 2.0

Embora o termo "hacker" tenha sido tradicionalmente usado para se referir a gente como Sam Roberts, que brinca com sistemas de computadores, ou Aaron Swartz, que luta para liberar informações, a palavra recebeu conotações mais amplas. Podemos dizer que Florence Nightingale hackeou a profissão médica ao virar a vocação para a enfermagem. Martin Luther King Jr. hackeou o sistema político norte-americano para lutar pelos direitos civis. Uma selfie sorrateira que uma criança tira pelo celular dos pais é jocosamente chamada de um hack. Um pintor de móveis que customiza uma cômoda da IKEA a ponto de não mais lembrar a ubíqua marca sueca posta uma foto dizendo "IKEA hack!" no Pinterest.

Recentemente, o conceito de hackear continuou a metamorfosear-se e vazar sobre organizações das mais

---

3 Texto oficial da família e namorada de Aaron Swartz. Disponível em: <http://www.rememberaaronsw.com/memories/>.

tradicionais, com executivos fazendo suas próprias maratonas de hackeamento, e palavras como "hackear" e "romper" encontrando seu lugar no centro das culturas organizacionais mais pró-futuro, que acabaram entendendo que hackear pode tanto identificar as fraquezas de um sistema quanto ver como ele pode ser melhorado.

Dentro da economia desajustada, o princípio de hackear refere-se a invadir o sistema e mudá-lo para melhor. Trata-se também de conhecer um sistema de modo íntimo para poder desmontá-lo com mais eficiência. "Conheça seu inimigo" é um ditado muito usado, mas por bom motivo: existe um poder tremendo em entender o sistema que você está querendo reinventar.

## **PIRATAS DO SÉCULO XVIII ERAM HACKERS**

"Todo homem terá voto igual em questões correntes." Assim começa o primeiro artigo que regulamentava o navio pirata de Bartholomew Roberts ("Black Bart"), um dos piratas de maior sucesso de todos os tempos. Ao longo de sua carreira de três anos no início do século XVIII, Roberts capturou mais de 400 navios.[4]

O que fazia esses capitães se darem tão bem? Como os navios piratas garantiam comprometimento, lealdade e

---

4   FLANDERS, Richard. *If a Pirate I Must Be...: The True Story of Bartholomew Roberts – King of the Caribbean*. Londres: Aurum Press, 2008.

colaboração de um bando de foras da lei, rebeldes e desajustados? Como estabeleciam o sistema, as regras e a ordem que ajudavam a pôr na linha e motivar suas equipes?

Os piratas hackeavam o sistema. Hackers de computador como Sam Roberts estudam um sistema, desmontam-no para entender cada componente, identificam cautelosamente as fraquezas e depois usam o conhecimento para construir algo novo e melhorado. Os piratas hackeavam o sistema de navios mercantes, sistema esse do qual a maioria deles viera.

Suas vidas nesses navios mercantes foram duras e impiedosas demais. Os marujos dos navios mercantes vendiam seu trabalho por dinheiro. Não tinham voto, raramente tinham voz e não ganhavam nada com as empreitadas. O pagamento era bem baixo, também. Os marujos ganhavam menos de 12 libras (cerca de 20 dólares) por ano nas viagens de comércio, enquanto a pirataria oferecia ganhos de cem a mil vezes maiores.[5]

Nos navios mercantes, os marujos lidavam com violenta disciplina nas mãos do capitão, cujo objetivo era satisfazer os interesses dos donos da embarcação, que nem deixavam a terra firme (os relatos da Alta Corte do Almirantado desse período estão repletos de histórias sangrentas

---

5   LEESON, Peter T. *The Invisible Hook: The Hidden Economics of Pirates*. Princeton, NJ: Princeton University Press, 2011.

de chicotadas, tortura e mortes).⁶ Os marujos em geral trabalhavam para um líder que apreciava o poder disciplinar ilimitado que tinha, além de uma perturbadora prontidão para usá-lo.

Foi a natureza da vida a bordo dos navios mercantes o que inspirou os piratas a dominar o sistema, hackeá-lo e mudá-lo para melhor. Como marujos, conheciam o sistema, tinham ciência acurada das fraquezas e entendiam, por sua experiência, como a natureza hierárquica dos navios mercantes deixava as tripulações insatisfeitas e incapazes.

Os piratas usavam esse conhecimento para desmantelar o sistema e reconstruí-lo de um modo completamente diferente. Viraram o mundo que conheciam do avesso e faziam dos navios piratas algo totalmente avesso aos mercantes; ao fazer isso, foram capazes de criar algo que ligava os homens em espírito, dando-lhes um senso de propósito, paixão e uma forte identificação com a missão e os valores da pirataria. "Os piratas tinham um senso profundo de comunidade", escreve Marcus Rediker; "eles mostravam uma disponibilidade recorrente de unir forças no mar e no porto, mesmo quando as diversas tripulações eram compostas por membros estranhos uns aos outros".⁷

---

6   REDIKER, Marcus. *Villains of All Nations: Atlantic Pirates in the Golden Age*. Boston: Beacon Press, 2005.

7   *Ibid.*

ALEXA CLAY | KYRA MAYA PHILLIPS

## Improváveis democratas

Como era esse hackeamento? O mundo que os piratas criaram, a nova ordem que virou o sistema dos navios mercantes de cabeça para baixo, era baseado em princípios como posse igualmente compartilhada e democracia. Espreitando por detrás da caveira e dos ossos cruzados, havia homens preocupados com a saúde, riqueza e tratamento justo da maioria. Ao hackear o sistema, eles criaram outro melhor, democrático, de autogovernança que gerava confiança, ordem e cooperação suficientes para tornar os navios piratas do século XVIII organizações sofisticadas, bem tocadas, bem-sucedidas.

Com base nos artigos encontrados nos navios de corsários e bucaneiros (ambos tipos mais antigos de piratas que eram às vezes contratados pelos governos para atacar Estados inimigos), os piratas escreviam constituições que serviam como a fundação de sua governança.

Como descrito pelo capitão Charles Johnson, o "pirata jornalista" da época: "[Os piratas] formulavam uma série de artigos para ser assinados ou receber juramento [...] para a melhor conservação de sua sociedade, e fazer justiça uns para com os outros".[8] Essas constituições eram democraticamente formuladas e requeriam

---

8   JOHNSON, Charles. *A General History of the Robberies and Murders of the Most Notorious Pirates*. Conway Maritime Press, 2002.

consenso unânime antes de qualquer expedição ganhar os mares, permitindo aos marinheiros resolver se iriam adotá-las ou se seguiriam seu próprio caminho.

Isso era extremamente novo para a época. Como escreve Peter Leeson em *The Invisible Hook: The Hidden Economics of Pirates* [O gancho invisível: a economia secreta dos piratas], "uma década antes de a monarquia britânica sentar-se no trono real pela última vez, um século antes da aprovação do Congresso Continental da Declaração da Independência, e cerca de 150 anos antes de qualquer coisa similar a isso acontecer na França (1789) e na Espanha (1812), esses marinheiros desajustados do século XVIII empregavam formas democráticas de governança".[9]

O capitão ou líder de uma tripulação de piratas era eleito democraticamente. Para dividir o poder no navio e prevenir o mau uso da autoridade, os piratas criaram o posto de contramestre, cuja função era lidar com questões de disciplina, provisões e compensação por injúria, bônus por esforços extraordinários e punições apropriadas.[10]

O contramestre era o membro de mais confiança da tripulação, mas a instância mais poderosa no navio era o conselho comum, um grupo composto por cada homem do navio. Esse conselho tinha o direito irrestrito de livrar-se tanto do capitão quanto do contramestre, com suas

---

9   LEESON. *The Invisible Hook*.
10  *Ibid.*

decisões em todas as questões sendo sacrossantas.[11] Eram feitas reuniões regularmente para tomar decisões em questões como divisão de provisões ou se atacavam ou não determinado alvo. Cada pirata a bordo tinha voz em quase toda decisão que poderia gerar impacto na empreitada.

Essa reinvenção da hierarquia nos navios mercantes – esse hackear – mostrava que a tripulação era a verdadeira autoridade de um navio pirata. Com a exceção da batalha, o líder do navio era apenas uma voz entre as demais: "Eles só o permitem ser capitão", comentou Charles Johnson, "com a condição de poderem ser capitães sobre ele".[12]

Peter Leeson e outros escrevem sobre a estrutura de salários iguais, pensada para diminuir diferenças materiais que poderiam afundar a empreitada. Ao dividir quase igualmente o tesouro capturado, os piratas criavam tripulações motivadas, imbuídas de um senso de posse, poder e disponibilidade para continuar saqueando.[13] Séculos antes de os socialistas proclamarem os prejuízos do salário desigual, séculos antes de a crise financeira expor os grotescos abismos salariais entre os executivos de Wall Street e empregados comuns e a potencial crise social, os piratas crackearam o código: eles entendiam que desigualdade material levaria a falta de confiança, uma indisponibilidade de colaborar

---

11 REDIKER. *Villains of All Nations*.
12 JOHNSON. *Op. cit.*
13 LEESON. *Op. cit.*

com o objetivo comum e, doravante, a inabilidade de criar uma sociedade civil forte. Como escreveu Marcus Rediker: "A experiência dolorosamente adquirida [dos piratas] os ensinara que uma distribuição justa dos riscos melhoraria as chances de sobrevivência de todos".[14]

Os piratas têm outros privilégios – do tipo que incentivava a colaboração. As estruturas de sua governança incluíam seguro de ganhos para qualquer homem ferido em batalha e bônus para tripulantes que prestavam serviços excepcionais. Esses incentivos e esquemas de segurança social funcionavam bem. Quase sempre, os tripulantes dos navios piratas não enganavam uns aos outros na hora de dividir o saque. Patrick Pringle, escritor, comentou sobre isso: "Não encontrei um único caso de disputa física durante a partilha nem assassinatos sendo cometidos para reduzir o número de acionistas", em seu livro *Jolly Roger: The Story of the Great Age of Piracy* [Jolly Roger: a história da grande era da pirataria].

O modo não hierárquico de governar um navio pirata ia além da compensação; era um verdadeiro reverso do sistema dos navios mercantes. Em todos os aspectos da vida a bordo de uma embarcação, a tripulação tinha os mesmos privilégios sociais que o capitão e seus subordinados. Os capitães eram depostos se tentassem garantir para si um modo de vida melhor a bordo. Seus aposentos e provisões eram tipicamente os mesmos dos demais piratas.

---

14   REDIKER. *Villains of All Nations*.

Ao hackear o sistema estabelecido dos navios mercantes, os piratas criavam tripulações apaixonadas, diligentes, inovadoras e vivamente comprometidas, mesmo quando em intensa batalha, momento em que os homens tinham que arriscar suas vidas em nome da missão da expedição. Sua estrutura de governança conseguia alinhar os interesses desses grupos disparatados de foras da lei, vagabundos e rebeldes, transformando-os em grupos cooperativos e coesos que eram inexoravelmente eficazes em seu trabalho, dando-nos um dos períodos mais notáveis da história: a era de ouro da pirataria.

Como mencionado antes, a tripulação de Bartholomew Roberts capturou por conta própria mais de 400 navios em apenas três anos (de 1719 a 1722). Edward Teach, o Barba Negra, capturou apenas 120. "Se estimarmos que os demais 70 piratas, mais ou menos, tomaram uma média de 20 embarcações cada... teríamos um total de mais de 2400 embarcações capturadas e saqueadas", escreve Marcus Rediker em seu livro *Villains of All Nations* [Vilões de todas as nações]. Considerando que esses piratas ficaram "no mercado" por menos de uma década, os números são impressionantes.

Outro jeito de medir o sucesso deles é determinar a extensão em que a atividade dos piratas incentivou o comércio por todo o Atlântico. Rediker nota que houve "crescimento zero" nos transportes na Inglaterra de 1715 a 1728, precisamente a época em que os mais notórios piratas estavam mais ativos. Capitães e donos de navios mercantes protestavam fervorosamente com seus governos a fim de que tomassem uma atitude para proteger os mares e, como resultado, seu comércio.

"O pirata", continua Rediker, "era de fato uma ameaça à propriedade, ao individual, à sociedade, à colônia, ao império, à Coroa, à nação, ao mundo das nações, enfim, a toda a humanidade".[15]

Séculos antes da invenção dos computadores, os piratas conseguiram com sucesso demonstrar o poder do hackear, a potência de estudar um sistema, desmantelá-lo para entender cada componente, depois usar esse conhecimento para melhorá-lo.

## Pra que hackear?

Hoje em dia, as características associadas aos hackers indicam as expectativas associadas a uma nova cultura de trabalho. Os hackers foram pioneiros em muitos princípios de informalidade que vieram, desde então, a infectar a cultura de trabalho formal. Entre estes estão o trabalho baseado em solução de problemas, uma cultura de abertura e transparência, prestação de contas entre membros pela reputação (em vez de hierarquias e gerentes rígidos) e a permissão de agir ao ver novas oportunidades.

---

[15] *Ibid.*

Numa carta para potenciais investidores, Mark Zuckerberg, do Facebook, descreveu a cultura da empresa e sua abordagem única para com a gestão, que ele chamou de "O estilo hacker".[16] "Hackear", escreve Zuckerberg, "é um modo de construir algo ou testar os limites do que pode ser feito." Ele segue descrevendo os hackers como pessoas obcecadas com a melhora contínua e a iteração incessante, acreditando que sempre tem espaço para fazer melhor e "que nada nunca está completo".

Os hackers também procuram construir "aprendendo de iterações menores em vez de tentar acertar tudo de uma vez só". O Facebook criou uma plataforma de testes que permite aos empregados, a qualquer momento, testar milhares e milhares de versões do site do Facebook. "Temos os dizeres 'Feito é melhor do que perfeito' pintado nas paredes para nos lembrar de ficar sempre lapidando", escreve Zuckerberg.

Com o Facebook alegando ter uma ética hacker, podemos certamente enxergar o perigo das empresas que querem incorporar essa subcultura. Mas esse é apenas um dos modos pelos quais o movimento hacker está se popularizando. Muito dessa ética própria continua orientada em torno da inovação que rompe, desfiando as lógicas e normas subjacentes do sistema, e são esses casos que nos interessam – os hackers que estão alterando sistemas.

---

16 EPICENTER STAFF. "Mark Zuckerberg's Letter to Investors: 'The Hacker Way'". 1 fev. 2012. Disponível em: <http://www.wired.com/2012/02/zuck-letter/>.

## **Hackeando o sistema**

Ivan Arreguín-Toft, *expert* em conflito assimétrico, analisa batalhas entre exércitos grandes e seus adversários menores em seu estudo "Como os fracos ganham guerras".[17] Ele descobriu que em quase 30% dessas batalhas assimétricas ao longo dos últimos 200 anos, o exército menor prevaleceu. Para cada soldado do exército menor, o maior tinha dez, em média; contudo, os exércitos menores em geral prevaleceram, por seus líderes serem – por conta do tamanho menor – mais capazes de reconhecer uma mudança na situação e rapidamente ajustar a estratégia. Essa estatística notável ilustra o valor de ser um hacker, um agitador pequeno e ligeiro infiltrando-se na sala do chefe.

Uma dinâmica similar pode ser observada no mundo comercial, no qual gente pequena tem adotado a mentalidade hacker, agindo decididamente para tomar competidores maiores, de mais recurso e estabilidade; ao fazer isso, vão sacudindo indústria após indústria. A Airbnb está chacoalhando a gigantesca indústria da hotelaria. O Spotify – e a ampla onda de empresas que vêm ajudando o consumidor a *vivenciar* música, em vez de possuí-la – está forçando a indústria fonográfica a mudar seu modelo de

---

17 ARREGUÍN-TOFT, Ivan. "How the Weak Win Wars: A Theory of Asymmetric Conflict". In: *International Security* 26, n. 1, verão 2001, p. 93-128.

negócio. Empresas de aluguel e partilha de carros como a Zipcar estão induzindo a indústria automobilística a se repensar, sugerindo a mudança da venda de carros para sua disposição sem pertença.

Até mesmo as organizações do tráfico de drogas e a máfia contemporânea começaram a adotar a abordagem hacker. Como Moises Naim, escritor e ex-editor da *Foreign Policy*, escreve sobre a natureza mutante da indústria da droga: "Hierarquias rígidas nas quais a autoridade é centralizada não se dão bem num mercado veloz e global no qual as oportunidades e os riscos mudam rápido demais".[18] Naim aponta como as organizações do tráfico passaram de abordagens hierárquicas para redes descentralizadas. Nas palavras dele, "dos líderes controladores para agentes e células múltiplos, ligados com folga, dispersos; das linhas rígidas de controle e troca para transações em constante mudança, conforme ditam as oportunidades".[19]

De modo similar, num artigo da *Harvard Business Review*, Marc Goodman (ex-oficial de polícia, consultor de contraterrorismo e especialista em mundo cibernético e inteligência) escreve sobre a evolução das organizações criminosas modernas, que "abandonaram a estrutura pesada de dons, cabos e tenentes que ficou famosa com *O*

---

18  NAIM, Moises. *Illicit: How Smugglers, Traffickers, and Copycats Are Hijacking the Global Economy*. Londres: Arrow, 2007.
19  *Ibid.*

*poderoso chefão*. A maioria das gangues de hoje, junto com o Al Qaeda e outros grupos terroristas, são redes cooperativas afiliadas espontaneamente – e recrutam webdesigners e hackers tão facilmente quanto capangas".[20]

## Os hackers físicos

Na introdução, falamos do grupo de hackers físicos Urban eXperiment (o UX), que faz trabalhos clandestinos nas profundezas de Paris. Os UX não são hackers de computadores, mas fazem jus à ética hacker: eles constroem, desmontam e restauram objetos físicos do mesmo modo que um hacker de computador faz a um programa.

O UX é formado por homens e mulheres franceses que tem tarefas rotineiras no trabalho e com a família, mas adotam personagens diferentes (até mesmo nomes falsos) e vão ao *underground* no intuito de cumprir uma missão que Jon Lackman, escritor e historiador de arte, descrevia como cuidar "das ovelhas negras: os estranhos, mal-amados, esquecidos artefatos da civilização francesa".[21]

---

20  GOODMAN, Marc. "What Business Can Learn from Organized Crime". In: *Harvard Business Review*, nov. 2011. Disponível em: <https://hbr.org/2011/11/what-business-can-learn-from-organized-crime/ar/1>.
21  LACKMAN, Jon. "The New French Hacker-Artist Underground". In: *Wired*, 20 jan. 2012. Disponível em: <http://www.wired.com/2012/01/ffux/all/>.

O grupo talvez seja mais bem conhecido pelo ato audacioso de invadir um dos prédios mais sagrados da França, o Panteão (que abriga os restos mortais de figuras como Voltaire, Victor Hugo e Émile Zola), em 2006. A missão do UX, uma vez lá dentro, era permanecer indetectável enquanto reparava um negligenciado relógio do século XIX. Sem ser notado por alarmes nem seguranças, o UX levou cabos a uma sala escondida para ter eletricidade, internet e uma geladeira, e as ferramentas necessárias para concluir o serviço. Ao longo de um ano, o grupo restaurou o relógio do Panteão, que vinha esperando uma restauração prometida pelo governo francês desde a década de 1960.

Embora não sejam reconhecidos formalmente como *experts*, o UX tem um registro extenso de práticas que vão da infiltração à restauração. Seu grande conhecimento do vasto e complexo sistema de túneis da cidade lhe permite ganhar acesso a locais que até mesmo as autoridades francesas têm dificuldade de penetrar.

Como no caso do código de conduta solto e informal da ética hacker, o UX não tem manifesto, apenas o desejo de reunir conhecimento por meio da constante experimentação. Jon Lackman expressou isso para nós desse modo: "Em francês, a palavra 'experience' pode significar 'experiência' (como ter passado por uma situação) e 'experimento'". Os membros do UX querem que cada projeto seja uma experiência recompensadora, mas como em um experimento, eles também procuram aprender algo sobre como o mundo funciona. Como os hackers que apresentamos anteriormente neste capítulo, os UX animam-se com a motivação de tornarem-se *experts* num sistema. Os experimentos feitos no sistema podem revelar lições, e cada uma acrescenta algo à seguinte. "Mas um experimento não pode viver por si só", disse-nos Lazar Kunstmann. Para que a inovação cresça, uma organização deve ter habilidade de continuar fazendo perguntas, e para o UX, os projetos têm de receber trabalho constante ou morrem.

A estrutura do UX rende-se ao eterno estado de curiosidade. Embora cada atividade realizada pelo UX tenha um senso de ordem, o grupo tem células separadas dedicadas a diferentes disciplinas (uma para acumular dados e táticas sobre infiltração de passagens-chave e prédios; outras para pôr tudo em filmes e festivais de arte), e é inteiramente informal como um todo: "Qualquer um pode entrar e sair dos projetos, de célula a célula, ou trocar papéis". Um membro que participa da ilha de infiltração pode facilmente passar para outra dedicada a organizar festivais de cinema, gerando uma fusão de ideias e perspectivas.

Como os hackers de computador, o UX adere zelosamente à prática de colocar cada projeto, atividade, sucesso e fracasso numa base de dados cada vez maior. Kunstmann, quando sondado sobre essa prática, contou sobre os conquistadores que chegaram primeiro à América do Sul. Um dos motivos principais de seu sucesso em batalha, disse ele, era que tinham acesso a uma imensa biblioteca militar: "Conheciam cada truque contido nos livros". Seguindo na onda dos conquistadores, os membros da UX constroem conhecimento dentro de sua comunidade registrando suas experiências e pelo fluxo livre dessa informação dentro do grupo.

O UX é como uma manifestação física da mentalidade hacker. Eles tomam o sistema, não apenas para satisfazer uma vontade de consertar e melhorar, mas também para a melhoria de uma sociedade. Como os piratas do século XVIII e os hackers da informática, procuram fazer isso desenvolvendo uma compreensão íntima do sistema que querem melhorar para poderem reconstruí-lo de modo mais eficaz.

Talvez o mais importante, o UX opera sorrateiro pelo sistema de túneis subterrâneos. Qualquer hacker deve saber como evitar ser detectado, causar suspeitas ou levar uma bronca de anticorpos institucionais. A camuflagem não é estratégia apenas dos desonestos, mas para todos que precisam que seu trabalho permaneça sob os radares até que sejam aceitos e tenham apoio.

## UM HACKER RELUTANTE QUE DESABROCHOU COMO DESAJUSTADO

Gary Slutkin, médico, nunca foi um desajustado. Treinado, segundo ele, por um "método muito convencional", devotou-se a projetar programas de mudança de comportamento e controle de epidemias. Como chefe dos residentes no prestigioso Hospital Geral de São Francisco, Slutkin trabalhou com um programa de prevenção de tuberculose. Após dois anos, novos casos de infecção com a doença na área caíram para a metade, e a taxa dos que completavam o tratamento passou de 50 para 90%.

A parada seguinte foi a Somália. Quando Slutkin disse ao seu preceptor no hospital onde estava indo, este lhe respondeu que ia cometer o pior erro possível, que isso ia prejudicar sua carreira.

Na Somália, Slutkin trabalhou para o diretor de saúde primária do país e ajudou a prevenir a dispersão da tuberculose e a conter um surto mortal de cólera. O médico pousou bem no centro de uma situação medonha, com mais de um milhão de refugiados ocupando 40 campos. Por sua equipe ter recursos limitados, acabaram recrutando e treinando refugiados para serem agentes de saúde especializados. De modo similar à introdução da profissão de enfermeiro de Florence Nightingale, essa abordagem introduziu uma nova categoria de trabalho nos sistemas de saúde: o funcionário nativo que já tem acesso à população local e confiança dela.

Após três anos na Somália, Slutkin assumiu um posto na Organização Mundial de Saúde, onde trabalhou para enfrentar a epidemia de HIV/AIDS em Uganda. No geral, Slutkin passou quase dez anos em 15 países da

África e Europa como líder principal na batalha contra as doenças infecciosas.

Sua vida pessoal e profissional sofreu. Após dez anos em alerta, ele estava exausto, física e mentalmente, e sentindo-se emocionalmente isolado. Mas ficava grato ao ver suas conquistas extraordinárias.

Ele retornou aos Estados Unidos e logo se flagrou pensando no que faria em seguida. Começou a ouvir falar sobre crianças atirando umas nas outras. "Estava lendo essas histórias horríveis de crianças de dez e doze anos se matando nas ruas, e perguntei às pessoas o que estava sendo feito sobre isso". A pergunta era simples, e podia ter sido feita por qualquer cidadão consciente. Mas foi o que ele passou os 15 anos seguintes tentando responder.

Slutkin ficou aturdido e desapontado com as "soluções" que existiam para lidar com a violência. "Sabíamos que a punição não era um dos melhores motivadores para o bom comportamento", ele nos disse. "Esse era um problema estancado." Desencorajado, começou a estudar padrões de surtos de violência e fez uma observação alarmante: "O que vi nos mapas de violência que estudei era um agrupamento característico – como os mapas que vi em outras epidemias, como a do cólera". Foi o momento "eureka" de Slutkin. "Pensei: e se começarmos a tratar a violência como um contágio?"

Uma das pragas maiores e mais insidiosas presentes em nossa sociedade é a violência. Entretanto, constantemente o discurso foca-se em rotular os indivíduos violentos como desviados ou maus. E se, Slutkin imaginou, removêssemos os rótulos e o julgamento e começássemos a lidar com a violência de modo objetivo – como uma doença que é transmitida e se espalha, como um resfriado comum? Ele brinca: "Não dá nem pra ver o mal sob o microscópio. Não há lugar na ciência para o conceito de mal ou o conceito de inimigo".

O salto de A para B foi lento. Ele levou uns cinco anos para reestruturar o problema da violência na própria mente. Perdeu-se em debates e discussões sobre as motivações da violência. Leu todos os relatos e artigos recentes. Ficou obcecado com o assunto e com os modos com que achava que poderia trazer uma "cura" ao mundo. Esse tipo de conhecimento obsessivo do sistema que está querendo se consertar é essencial para qualquer hacker. É preciso entender as regras no intuito de saber como quebrá-las ou ser o pioneiro em algo diferente. Botar um pé no sistema que você está tentando mudar, e um pé fora para manter a perspectiva, permite-lhe manter uma mentalidade e abordagem de alguém que pertence e que está de fora.

O histórico de Slutkin com saúde e sua imersão no campo da prevenção de violência permitira-lhe ter um ponto de vista único para os entremeios do sistema. Por exemplo, um monte de práticas existentes focava a punição como solução para a violência, mas baseado em seu trabalho na área da saúde, Slutkin sabia que a punição nunca era usada como ferramenta para mudança de comportamento.

Muitos que eram a favor da punição procuravam lembrar Slutkin de um período na história das epidemias em que as pessoas não entendiam as doenças e achavam que coisas como pragas, lepra e catapora eram causadas por pessoas ruins ou "humores ruins". Slutkin nos contou como essa falta de compreensão geralmente levava as pessoas a culpar, excluir e punir a vítima da doença, o que causava ainda mais sofrimento.

Ver a violência fora de lentes moralistas requeria uma abordagem radicalmente diferente. Mas reunir problemas sistêmicos de pobreza, racismo, drogas e outras questões crônicas que geram impacto nas comunidades violentas não era eficiente nem praticável. Mesmo escolher trabalhar com sistemas políticos para regular o controle de armamentos poderia levar décadas e não tivera muito sucesso até o momento, pelo menos nos Estados Unidos. Então, em vez de esperar por uma solução mágica e rápida, Slutkin percebeu que poderia ajudar a conter a dispersão da violência do mesmo jeito que contivera a dispersão de doenças na Somália.

Desse ponto, a organização de Slutkin, a Cure Violence, foi estruturada em torno de uma hipótese simples: o mais crítico é interromper a transmissão da violência.

Slutkin, depois, desenvolveu um papel comunitário para os "interruptores da violência": agentes chamados em situações delicadas nas quais poderia ocorrer violência, muito similares aos agentes empregados nos campos de refugiados. Então, se as pessoas de uma comunidade ouvissem falar de um possível tiroteio em retaliação ou um conflito crescendo entre gangues, podiam chamar o interruptor de violência, que iria até a vizinhança e tentaria impedir que a violência fosse transmitida.

Por exemplo, uma mãe de Chicago descobriu que o filho adolescente estava carregando armas com os amigos em casa. Ela ficou assustada, não sabia o que fazer, porque afinal era seu filho com os amigos, e não queria chamar a polícia por conta disso. Mas era necessário que alguém fizesse alguma coisa. Então ela ligou para o Cure Violence, e eles mandaram alguns interruptores para falar com os adolescentes. Após algumas horas, conseguiram acalmar o grupo de garotos. Os interruptores sabem como ganhar tempo e permitir que as pessoas se acalmem; mais importante ainda, sabem escutar. Boa parte do método consiste na arte da persuasão.

Esses interruptores em geral vêm de comunidades onde estão ocorrendo surtos de violência. Muitos deles foram presos e têm sua própria experiência com a violência. Como resultado, as comunidades confiam e acreditam neles, o que lhes permite ser mais eficientes do que a polícia.

Um interruptor de violência de que Slutkin nos contou trabalhava com um grupo que se preparava para matar por vingança quando recebeu um chamado para outro conflito próximo. Ele pediu ao primeiro grupo de rapazes que viesse junto e o ajudasse a lidar com o outro. Pediu que eles aconselhassem o outro grupo, para que se acalmassem. Colocou as mentes deles totalmente focadas em ajudar o segundo grupo – e em esquecer seus próprios problemas. Ao empregá-los para ajudar o outro grupo e escutar os problemas deles, conseguiu também que se dissociassem do que estavam querendo fazer e adotassem uma perspectiva diferente.

Outra intervenção do Cure Violence foi com um adolescente que se escondeu no porão da casa dos pais, em Chicago, porque um colega lhe dissera que ele seria morto se voltasse à escola. O menino ficou escondido no porão por seis meses. Os pais finalmente ligaram para um interruptor de violência, que foi até a escola e pediu um favor ao aluno que fizera a ameaça. Por terem credibilidade, acesso e a confiança da comunidade, os interruptores podem ser mecanismos poderosos de persuasão nesse tipo de situação.

No ano em que o Cure Violence foi implementado, o bairro West Garfield, de Chicago, viu uma queda de 67% nos tiroteios, enquanto áreas comparáveis viram redução de 20%. Na verdade, houve longos períodos de tempo – como 90 dias – sem tiroteio algum, algo de que nunca se ouvira falar. Com a ajuda de um senador de Illinois, o Cure Violence foi capaz de ampliar-se para mais bairros. Essas comunidades mostraram queda de 42% nos tiroteios no primeiro ano, com áreas comparáveis vivenciando redução de 15%.

Quinze anos depois, Slutkin está liderando o ataque contra o modo como diagnosticamos e lidamos com a violência. O Cure Violence está se espalhando pelos EUA, agora operando em 22 cidades. A cidade de Nova York anunciou recentemente que planeja investir 12,7 milhões de dólares para implementar o programa. E os métodos de Slutkin estão sendo usados não somente nos EUA, mas em lugares como o Iraque, onde o Cure Violence interrompeu diversos incidentes de violência até o momento.

O programa reduziu as mortes em até 56% e os tiroteios, em 44% nas comunidades em que opera. A organização também está mudando as normas em torno da violência. Em comunidades nas quais o Cure Violence está presente, as pessoas têm quatro vezes mais chances de mostrar pouco ou nenhum apoio ao uso de armas.

Divulgar essa abordagem desajustada da violência não é fácil. "Nunca pensei que haveria resistência", Slutkin nos contou. "Não queríamos causar perturbação nem hackear um sistema. Não vim dessa área. Tudo o que eu estava fazendo, de uma perspectiva de saúde, era tentar pensar em alguma coisa que preenchesse um vazio óbvio. Na saúde, todo mundo quer tratamento melhor. Mas quando se trabalha com violência, o que me surpreendeu foi que as pessoas acharam o trabalho perturbador ou ameaçador. E foi quando eu comecei a me sentir mais como hacker."

Slutkin nos contou que o Cure Violence teve respostas negativas de agências federais, da academia, da polícia, do sistema prisional e de competidores que também atuam na redução da violência. Por não ter experiência na prevenção da violência, Slutkin foi deixado de lado. "Não fazia parte da turma", ele nos contou. "Muitas das propostas iniciais que compus foram rejeitadas." Se você está hackeando um sistema de fora, em geral é importante criar aliados dentro do sistema que possam ajudá-lo em sua causa. Isso é algo que Slutkin aprendeu com o tempo.

Outro grande problema com a solução era uma mentalidade moralista. "A ideia de que as pessoas que cometem violência não são más realmente sacode as mentes das pessoas. Tantos atores são viciados nessa história de cara-do-bem-*versus*-cara-do-mau. E boa parte da imprensa vive nesse mesmo mundo."

O que permitiu que Slutkin tivesse sucesso foi focar-se em conseguir resultados continuamente. A ciência vai melhorando cada vez mais, ele nos contou. Tem sido cada vez mais reconhecido que a violência é um processo contagioso. Isso tem ajudado as pessoas a entender que você "não pode sair prendendo gente para resolver o problema", disse.

Com o tempo, ele pôde oferecer uma alternativa para o modo com o qual lidamos com a violência. Ele hackeou o sistema desafiando visões enraizadas da violência e seus perpetuadores; depois criou o protótipo de uma solução para pôr fim ao problema. Sua rede de interruptores de violência são os hackers que ele quer que a sociedade adote.

O sucesso de ações como a de Slutkin depende da experimentação – a capacidade de improvisar –, assim como a habilidade de infectar o sistema ou empacotar seu "hack" de modo que ele possa ser entremeado às regras e normas do sistema maior.

Slutkin está tentando fazer com que sua solução seja adotada por governos locais, forças policiais e redes que extrapolem a comunidade. Mas o Cure Violence não se amplia por simples replicação. Na verdade, a organização faz parceria com grupos da cidade e outras organizações. Eles aplicam princípios adicionais de *open-source* para espalhar seus métodos, e fazem sessões de treinamento para partilhar o que aprendem.

Nesse sentido, Slutkin incorpora a mentalidade do hacker, acreditando que os métodos do Cure Violence deveriam ser abertos e disponíveis a todos, com convite para que qualquer um faça suas melhorias. No hackear, nada nunca é produto final. Com a convicção de que um sistema pode sempre ser melhorado, os hackers enxergam seus projetos como organismos vivos que, sem atenção e constante trabalho, vão morrer. O Cure Violence está perfeitamente alinhado com essa abordagem. "É um pouco como uma rede *open-source*", Slutkin nos contou. "A intervenção não está completa – ela precisa continuar evoluindo. Ficamos sempre cutucando o modelo e tornando-o mais poderoso e efetivo, e criamos uma rede na qual o que foi aprendido pode ser partilhado."

Quando perguntamos a Slutkin qual estratégia ele usou para hackear o sistema, ele confessou que não é um hacker agressivo. "Não gosto de briga", disse. "Evito gente negativa e deixo que os resultados do programa falem por si mesmos. Com o tempo, temos visto cada vez mais gente a fim de defender esse movimento." Por exemplo, os departamentos de justiça estão se espalhando pelo mundo. E Slutkin espera que as organizações internacionais como a Organização Mundial de Saúde comecem a falar mais sobre violência como um contágio e a vejam como um problema de saúde. "Para essa solução realmente rolar, precisamos que o setor de saúde apareça e o explique: que digam que muitos comportamentos violentos são adquiridos de modo inconsciente, que são um vício, como fumar."

No futuro, Slutkin imagina que todo departamento de saúde terá uma robusta unidade de redução de violência, e que essas unidades trabalharão com seletas organizações de saúde para despachar redes de interruptores, e estas, por sua vez, serão coordenadas com hospitais. Então quando você vir pacientes em salas de emergência, haverá procedimentos regulares para impedir retaliações e tratar efetivamente os feridos. "Não somente tratar dos ferimentos", diz Slutkin, "mas tratá-los psicologicamente, para que, quando saiam do hospital, não corram risco de espalhar e transmitir violência nas ruas".

☠ ☠ ☠

A mentalidade hacker passeia convicta pela economia desajustada: um desejo ardente de dominar o sistema. Um compromisso com a partilha livre de informações, que abre caminho à inovação colaborativa. Uma vontade de consertar ou melhorar. A aspiração de conseguir um entendimento profundo de um sistema (e de seus componentes) para poder reconstruí-lo ou melhorá-lo. Estes são, todos, princípios que podem ser aplicados com ótimos resultados na economia formal, conforme buscamos melhorar as organizações, os sistemas e as instituições que nos cercam.

CAPÍTULO 5

# PROVOCAR

Imagine um garoto de 12 anos perguntando isto: "E se a gente não tivesse que ir à escola?".

Certo, talvez não seja tão difícil assim pensar num menino fazendo essa pergunta. Mas e se fosse uma questão filosófica que provocasse mudança verdadeira no modo como as pessoas valorizam e estruturam a educação?

Aos 12 anos, Dale Stephens pensava algo assim. Frustrado com o esquema da sala de aula, resolveu sair da escola e mergulhou fundo na "desescolarização", um tipo de ensino doméstico que enfatiza o aprendizado por experiências do mundo real, em vez do praticado na sala de aula por meio de textos; um currículo controlado pelo aluno, em vez do que foi ditado por professores e pelo governo. Enquanto seus colegas frequentavam as escolas tradicionais,

Stephens abriu negócios, foi morar fora, trabalhou em campanhas políticas e ajudou a construir uma biblioteca.

Em 2011, ele fundou o UnCollege ["DesFaculdade"], dando-se a função de "desviador educacional chefe". O UnCollege oferece recursos para alunos que querem ter oportunidades educacionais mais amplas das restritas ao domínio da educação superior tradicional, como das faculdades e universidades. Inspirado em sua experiência pessoal com a desescolarização e suas frustrações com a experiência na faculdade (por pouco tempo ele estudou na Faculdade Hendrix, no Arkansas), Stephen diz que o objetivo do UnCollege *não* é convencer as pessoas a não ir para a faculdade, mas para pensar em alternativas educacionais – e encorajar mais gente tendo em vista os custos de frequentar uma instituição tradicional de ensino superior.

Quando menino, Stephens teve recursos para buscar preceptores que pudessem ensiná-lo o que ele queria aprender. Aos 14 anos, descobriu que a mãe de um amigo era escritora, então pediu que lhe desse aulas. Por alguns anos ela o fez, até que a escrita de Stephens evoluiu e ele sentiu-se confiante para seguir sozinho. Também frequentou aulas que ele e outros desescolarizados organizaram por conta, sobre temas que os interessavam. "Foi muito melhor do que quando eu ia à escola, e lembrava-me de pensar: 'Por que passar horas por dia lidando com professores e alunos que não queriam de fato estar ali?'. Era tudo uma perda de tempo."

Ao assumir a responsabilidade por sua educação, Stephens sente que aprendeu habilidades valiosas que não têm seu espaço nas salas de aula tradicionais. "Eu pude desenvolver mais meta-habilidades em vez de apenas [ser exposto] às matérias de sempre. Enquanto eu aprendia matemática e história, também aprendia sobre como evoluir, como encontrar preceptores, como ter autociência. Todo tipo de coisa que ninguém se importava de me ensinar quando eu estava na escola."

Aos 16, Stephens decidiu que queria ficar mais envolvido com *startups* e tecnologia. Seu primeiro emprego foi numa empresa de tecnologia, trabalhando junto a um grupo de egressos da faculdade de Princeton que buscavam combinar alunos com faculdades. "Era meio engraçado, porque éramos todos egressos da faculdade afunilando pessoas para dentro do sistema educacional. Mas aprendi muito."

Apesar do sucesso, Stephens ficou surpreso por quanto teve que defender sua decisão de deixar a escola. "Tive que defender minha opinião desde o dia em que saí. Quando digo que sou gay ninguém me pergunta se já pensei em ser hetero. Mas questionam sim se eu nunca pensei em como seria se eu tivesse ficado na escola."

O movimento da desescolarização pode ser um nicho, mas a educação alternativa é um mercado em ascensão. "Nosso sistema educacional era usado para criar operários para a indústria a partir de agricultores. Isso não é mais adequado", disse-nos Howard Rheingold, de 67 anos, ex-editor da *Whole Earth Review*, uma publicação da contracultura fundada em 1985 que evoluiu do *Whole Earth Catalogue*, de Stewart Brand, e baseava-se naquela "velha tradição norte-americana da autoconfiança", continua Rheingold, "criando a partir daquela arrancada desajustada iniciada por Emerson". Na perspectiva de Rheingold, a *Whole Earth Review* resumia-se a partilhar ferramentas e ideias para ajudar as pessoas a ter mais controle sobre suas vidas. "Havia essa esperança de que você não precisava depender de instituições distantes – governos, negócios, organizações religiosas – para moldar a sua vida." Muitos vieram a perceber que era impossível viver totalmente fora da sociedade norte-americana. A *Whole Earth* não era uma solução, mas um ideal. Era uma provocação para que os norte-americanos conseguissem ainda mais autoconfiança, para tornarem-se criadores e artífices.

Atualmente, Rheingold faz parte da missão de Dale Stephens de reimaginar os sistemas educacionais com linhas similares de autoconfiança e autonomia. "A escola tem muito a ver com conformidade", ele nos disse, "com sentar-se na sua carteira e ficar quieto". Rheingold está trabalhando para desenvolver modelos de educação entre semelhantes, na qual os alunos não são mais consumidores passivos de conteúdo, mas podem aprender uns com os outros. A intenção é provocar um ideal similar ao da *Whole Earth*, com a seguinte mensagem: "Tome as rédeas da sua vida; não dependa de instituições formais (de educação); faça você mesmo".

Howard Rheingold, Kio Stark e Dale Stephens pertencem à mesma tribo de desajustados que estão *provocando* a conversa sobre educação: questionando dogmas e suposições sobre como aprendemos e como ensinamos, e sendo pioneiros em diferentes abordagens à educação. Como Rheingold nos disse: "Estamos numa era de mudanças extremamente rápidas. O que funciona hoje não funcionará amanhã. Vamos precisar dos desajustados pra que a sociedade encontre seu rumo. Desajustados que possam apontar para o amanhã".

## O PODER DA PROVOCAÇÃO

Provocar, claro, significa incitar ou mexer com sentimentos, desejos ou ações. Dentro da economia desajustada, a provocação tem a ver com sair da realidade, imaginar algo diferente. Tem a ver com cutucar e sacudir negócios comuns para fazer com que as pessoas acordem para diferentes possibilidades, assim como Dale Stephens fez.

O princípio do provocar *não* tem a ver com ter todas as respostas nem algumas delas, e sim com criar as condições para que ocorra uma nova conversação, desafiar o ortodoxo, encorajar a dispersão e imaginar alternativas.

Finalmente, a provocação envolve aprender a incrementar sua autoexpressão para tomar um posicionamento e sacudir o *status quo*. Essa habilidade é importante para qualquer um – gerente, esposa, pai, empreendedor – que pode não ser um agitador político, mas sentir-se "atiçado" a tomar uma posição dentro de uma empresa, um casamento, um distrito escolar ou uma *startup*. A desafiar "o modo com que sempre fizemos as coisas" e abrir espaço para algo novo.

Numa era de hipocrisia sexual, Helena Wright desafiou as mulheres a pensar no sexo como uma atividade prazerosa além da função reprodutiva. Os escritores Edgar Allan Poe e Júlio Verne nos fizeram pensar na viabilidade da viagem espacial. Jane Austen questionou o que pensávamos sobre o casamento por meio de sua ficção romântica. Rosa Parks desafiou normas com relação à segregação ao recusar-se a dar seu lugar no ônibus. Coco Chanel forçou os limites da moda feminina e nunca hesitou em falar o que pensava. "O ato mais corajoso continua sendo pensar por si mesmo, e em voz alta", dissera ela certa vez.

Artistas e escritores, ativistas e reformadores sociais, eram todos desajustados. Mas, diga-se de passagem, foram todos bem-sucedidos. Como todos os grandes empreendedores, os desajustados provocadores nos fazem acreditar numa versão diferente da verdade por que têm a audácia de imaginar um mundo diferente.

## Explorando novos mundos

O artista Angelo Vermeulen nos contou que não esperava tornar-se comandante de uma missão espacial da NASA. Em abril de 2013, ele (que é também PhD em Biologia) tornou-se comandante de equipe da HI-SEAS, missão espacial de simulação cujo intuito era recriar a experiência de viver em Marte. E por quatro meses viveu com outras cinco pessoas numa estação de espaço simulada, nos solos vulcânicos do Havaí.

Financiada pela NASA, a missão foi instituída inicialmente para explorar como oferecer comida nutritiva aos astronautas durante o período de isolamento. O experimento também ofereceu *insights* sobre estrutura de equipe, liderança e criação de comunidade dentro dos alojamentos apertados.

Vermeulen nos disse que às vezes a simulação parecia incrivelmente real, como viver mesmo em Marte. Sempre que a equipe participava de atividades extraveiculares, por exemplo, usavam trajes espaciais para deixar a estação. Em outros dias, no entanto, "quando dava saudade de casa ou tínhamos um momento difícil, era possível sair da ilusão e lembrar que estávamos apenas num vulcão no Havaí", disse Vermeulen. Era importante para o bem-estar da tripulação sustentar a realidade simulada. "Quanto mais perto se chega da sensação de estar mesmo numa missão, mais você aproveita."

A simulação de Marte é similar a muitos jogos de RPG de ação real. Embora esta seja uma subcultura desajustada em geral associada a *nerds* correndo por florestas com espadas, está sendo usada cada vez mais como meio artístico experimental para explorar mundos alternativos. Já houve RPGs montados para explorar temas importantes como campos de refugiados, prisões, AIDS, moradores de rua e papel de gênero. O jogo *Motherland* era um RPG montado como uma história alternativa na qual a Alemanha ganhou a Segunda Guerra Mundial. Outro desses jogos organizado na Suécia foi construído em torno da premissa de uma menina fictícia que fora raptada, usando elementos on-line e off-line, misturando uma série de TV e uma plataforma de internet que incitava os jogadores a sair por aí, na vida real, em busca da menina sumida.

Os RPGs podem permitir aos jogadores vivenciar emoções, colocar-se nas perspectivas dos outros e explorar visões políticas e artísticas que podem não ser parte da cultura mais popular. Os jogadores constroem realidades temporais que podem ser exploradas e nas quais se pode aprender muito. Eles chamam de "sangrar" o momento em que o que você sente ou aprende dentro das atividades do jogo é levado para sua vida.

De certo modo, a simulação de Marte era um RPG estendido. Embora os membros da tripulação pudessem ser eles mesmos, tinham que fingir estar morando em Marte, e em geral era difícil não romper a simulação. Para lidar com a intensidade de estar preso em alojamentos relativamente apertados, alguns membros da tripulação escutavam música da adolescência, jogavam videogames ou até pensavam em planos para as férias para depois da missão de quatro meses. Para manter a ilusão, Vermeulen buscou criar uma estrutura temporal. A equipe teria uma agenda, com reuniões matinais e tarefas. Ele tentou promover um monte de interações também, para que a equipe se sentisse ainda mais como uma família improvisada.

Estavam todos sendo estudados pelos cientistas da NASA, que não estavam interessados apenas em estratégia alimentar para a vida no espaço, mas também nas implicações psicológicas desse tipo de isolamento. A correspondência da equipe com o mundo lá de fora era estudada para ver se podiam encontrar gatilhos na comunicação que indicavam certas tendências psicológicas ou estados de bem-estar.

Como Vermeulen nos disse: "Não estávamos muito cientes do que exatamente a NASA estava aprendendo ou o que saiu daquilo". A missão gerou muito falatório na imprensa, o que, por sua vez, tornou a ideia de morar em Marte mais tangível para as pessoas. "A ideia de como alimentar os astronautas e mantê-los saudáveis mobiliza as pessoas", disse Vermeulen. "Basear a discussão sobre o espaço com relação à situação alimentar torna o assunto realista e não tanto um futuro distante." Acabou que o experimento era mais uma provocação do que uma intensa expedição de pesquisa.

Como artista com experiência em ciências, Vermeulen usa a arte como meio de sondar possíveis futuros. Ele explora a colonização espacial através da arte. Outro projeto em que está envolvido é a projeção de espaçonaves. Chamado Seeker, o projeto reúne voluntários para desenhar o interior de uma espaçonave, que viaja ao redor do mundo, e novos grupos de pessoas reconstroem seu interior para ajustar-se a suas necessidades ou experimentar diferentes materiais. Como na simulação de Marte, Vermeulen começou a fazer suas próprias "missões de isolamento" nas espaçonaves fabricadas. No Museu de Arte Moderna de Ljubljana, na Eslovênia, Vermeulen passou quatro dias com cinco voluntários dentro da espaçonave, na qual discutiram sobre viagens interestelares e vivenciaram como é morar dentro de uma que eles mesmos projetaram.

O Seeker é um projeto de arte comunitário que permite que as pessoas vivenciem e reimaginem o futuro da habitação humana. Vermeulen admitiu que parte de sua inclinação para projetar espaçonaves deve-se à ficção científica e à arquitetura espacial que se vê em séries como *Battlestar Galactica*. "Não são somente os engenheiros que lidam com diversas formas de pesquisa. Os artistas também o fazem." A formação de Vermeulen em Biologia permite-lhe fazer modelos arquitetônicos para as espaçonaves que imitam estruturas e sistemas biológicos; sua arte usa biologia e simulações de computador para gerar projetos especulativos. "É minha identidade híbrida, como artista e pesquisador

– ou um pesquisador por meio das artes –, que é a força que motiva o meu trabalho."

☠   ☠   ☠

O uso da arte para ultrapassar os limites do que o público imagina com relação ao espaço não é novidade. Em 1835, Edgar Allan Poe escreveu um conto chamado "The Unparalleled Adventure of One Hans Pfaall" [A aventura sem igual de um certo Hans Pfaall], que fala da jornada de um homem até a Lua usando a tecnologia do balão de ar quente. A história é um dos escritos menos conhecidos de Poe e não atraiu muita atenção. Insatisfeito, o autor vestiu a carapuça de vigarista e publicou um artigo fictício em 1844 no *The New York Sun* (jornal politicamente conservador) sobre um homem que viajou pelo Oceano Atlântico num balão de ar quente em apenas três dias. O artigo foi, mais tarde, revelado como falso e retificado. Mas antes de a história perder crédito, acabou ficando bastante popular. Poe descrevia a mecânica da propulsão em grande detalhe e atiçou – por meio de suas traiçoeiras táticas de chocar – a imaginação do público.

Ambas as histórias de Poe mais tarde influenciariam a novela *Da Terra à Lua* (1865), do escritor francês Júlio Verne. Por sua vez, a história de Verne acabou inspirando muitos pioneiros da viagem espacial. Konstantin Tsiolkovsky foi um professor russo influenciado pela novela de Verne.

A história era recheada de cálculos acerca da viagem espacial. Trabalhando sobre o texto do escritor francês, Tsiolkovsky mostrou que a viagem espacial era possível. Ele previu corretamente que os foguetes de combustível líquido seriam necessários para levar as pessoas ao espaço, e que hidrogênio e oxigênio seriam os combustíveis mais poderosos. Robert Goddard foi outro pioneiro da viagem espacial que, na adolescência, foi influenciado pela leitura de Verne, assim como de *A guerra dos mundos* (1897), de H. G. Wells. Goddard lançou o primeiro foguete de combustível líquido do mundo em 1926 e angariou mais de 200 patentes por seu trabalho com a viagem espacial.

Conversando com o economista Alexander MacDonald, que trabalha no Laboratório de Propulsão a Jato da NASA, viemos a apreciar a influência da ficção científica ao provocar a imaginação científica em torno da viagem espacial. "Muitas pessoa que trabalham na NASA são inspiradas e motivadas a fazer o que fazem por causa da influência da ciência em suas vidas." MacDonald nos contou que muitos de seus colegas da NASA fazem parte de comunidades de ficção científica; muitos chegaram a escrever romances. "Escritores de ficção científica são versados nos aspectos mais técnicos da viagem espacial, então há muito que trocar e uma inspiração que flui entre cientistas da NASA e os escritores." MacDonald nos disse que os escritores de ficção científica são comumente convidados para palestrar em conferências da NASA.

O escritor de ficção científica e blogueiro Cory Doctorow, por exemplo, publicou uma novela para o Projeto Hieróglifo, uma plataforma para histórias de ficção científica. Doctorow escreveu sobre hackers e devotos do Burning Man que constroem impressoras 3D robôs para enviá-las à Lua. Acompanhando a história, o Projeto Hieróglifo hospeda em seu site uma discussão com cientistas em torno da viabilidade de imprimir em 3D na Lua. O Hieróglifo é como um site de relacionamento; ele encoraja a conversão de histórias de ficção científica em realidade.

Quando o astronauta Neil Armstrong retornou da Lua como parte da expedição Apollo 11, fez referência à novela de Júlio Verne num programa de TV antes de refletir sobre sua própria estadia no espaço. Sem Poe nem Verne para criar a possibilidade imaginária de viajar para a Lua, Armstrong talvez nunca tivesse ido. Desse modo, a arte é uma ferramenta poderosa para abrir nossa consciência para novas possibilidades. Quando Edgar Allan Poe mostra como poderia funcionar a viagem espacial, ou quando Vermeulen concebe como poderia ser a vida numa colônia espacial em Marte ou numa espaçonave, temos um escritor e um artista abrindo as portas para a descoberta científica. Ambos foram provocadores da imaginação do público. Sua influência pode ser difícil de rastrear ou analisar, mas é também inegável.

☠ ☠ ☠

Dentro de uma montanha no oeste do Texas, um relógio de dez mil anos está sendo construído com aço inoxidável e titânio por um grupo de artistas e engenheiros. O relógio terá centenas de metros de altura e está projetado para funcionar por dez mil anos, aproximadamente a história da nossa civilização até o presente.

Falamos com Alexander Rose, o "gerente de projeto", sobre esse ambicioso empreendimento. Rose, que cresceu num depósito de lixo em Sausalito, onde cultivou sua paixão pela funilaria, contou-nos que o propósito do relógio é "criar um ícone para o pensamento em longo prazo que possa nos inspirar a resolver problemas de muito longo alcance". No momento, Rose acha que com muitos dos problemas que procuramos resolver, buscamos soluções que dão resultados em poucos anos. "Mas muitos dos problemas que enfrentamos – das mudanças climáticas ao colapso do meio ambiente – não são problemas criados da noite pro dia nem problemas que levarão poucos anos para serem resolvidos."

Embora o relógio seja um verdadeiro desafio da engenharia, Rose enxerga o projeto mais como provocação ao estilo da arte ou do teatro, para fazer as pessoas desafiarem suas escalas de tempo típicas. "Estamos tentando mudar as conversas que as pessoas sempre tiveram. Projetar uma experiência pela qual as pessoas passarão e serão afetadas, como no teatro." O relógio está sendo construído para captar a atenção das pessoas; seu tamanho faz parte dessa estratégia. Rose nos contou que o relógio deve ser projetado para impressionar as pessoas, para que queiram contar histórias sobre ele. "Novos mitos estão sendo criados", ele nos contou. "As pessoas estão tendo permissão para pensar nas coisas numa escala maior."

O relógio de dez mil anos mostra como certos modos de pensar de curto prazo são equivocados ou falhos. Ele nos convida a mudar nossas suposições sobre o tema. E essa é a essência do espírito provocador – a habilidade de redefinir completamente suposições, ignorar o *status quo* e as mentalidades que dizem que tal jeito é o jeito que sempre fizemos tal coisa. Ao provocar, não podemos ter receio de simplesmente perguntar "por quê?".

Ao considerar como e por que provocar, lembre-se de que a provocação nem sempre leva a uma mudança de causa e efeito, no aqui e agora. Quando você provoca, não está ligado a um resultado específico. Está assumindo uma posição – e nem sempre está ciente das consequências.

## AS BARBAS DO PROTESTO

La Barbe é um grupo de feministas francesas. Suas ativistas usam barbas falsas e invadem eventos dominados por homens para denunciar a sub-representação das mulheres. Foram inspiradas pelo Guerrilla Girls, grupo feminista de artistas de Nova York que usava máscaras de gorila em 1985 para protestar contra a falta de diversidade de gênero no Museu de Arte Moderna. Em março de 2008, num dos primeiros eventos públicos do La Barbe, o grupo apareceu em Paris no Dia Internacional da Mulher para grudar uma barba numa das estátuas da Praça da República. Desde então, o grupo encenou algo em torno de 150 a 200 intervenções. O La Barbe provocou resposta em muitos encontros de homens, de convenções políticas a reuniões de diretorias de empresa. Contudo, uma das participações mais notáveis foi durante o Festival de Cinema de Cannes.

Em 12 de maio de 2012, o La Barbe recebeu atenção quando uma de suas peças de oposição foi comentada no *Le Monde*, num artigo intitulado "Em Cannes, as mulheres mostram suas bobinas, os homens, seus filmes". O ato trazia atenção para o fato de que os 22 filmes da seleção oficial do festival tinham sido feitos por 22 homens. A história foi captada pela imprensa internacional e provocou uma petição nos EUA que foi assinada por líderes feministas e mulheres da indústria do cinema.

O que torna o La Barbe único é o fato de ser uma organização totalmente descentralizada, sem líder nem orador. Boa parte das imagens de seus protestos é colocada no YouTube num estilo de filmagem bastante antiquado, imitando filmes mudos de uma era há muito passada, como se elas quisessem sacudir o mundo dos séculos XIX e XX, no qual a dominância do homem era mais aceita. A mensagem em geral é irônica, parabenizando os homens pelo sistema que criaram e dizendo quão orgulhosas deles elas são.

A ativista Alice Coffin, do La Barbe, partilhou o que acontece durante uma demonstração: "No começo ficam todos admirados. Não sabem se somos homens ou mulheres. Ficam um pouco assustados por um momento, por sentirem que estão perdendo o controle da situação". Coffin nos contou que as respostas costumam variar. "Às vezes os homens ficam agressivos ou fazem comentários sexistas ou nos chamam de palhaças. Chamam a segurança e te colocam pra fora." Coffin já foi trancada num armário depois de protestar na Federação de Rugby.

Participar do La Barbe deu a ela e a muitas de suas colegas ativistas mais confiança. "Te deixa mais forte", ela nos contou. "Você perde o medo de dizer alguma coisa." E quanto ao impacto? "Temos o poder de fazer jornalistas reagirem", disse Coffin. "Conseguimos fazer a mídia comentar histórias importantes nas quais existe falta de diversidade de gênero." Algumas vezes o La Barbe incitou conversas internas entre os organizadores de alguns dos eventos em que o grupo interviu. "Recebemos e-mails de fãs de pessoas que estão dentro dessas instituições nos agradecendo por dizer algo." Às vezes o grupo chega a ser convidado por essas instituições para dar conselhos sobre inclusão de gênero. Mas Coffin nos disse que o papel do grupo não é esse. "Não somos *experts* nem consultoras. Não é nosso trabalho vir aconselhar você. Queremos ser ativistas, mesmo."

☠ ☠ ☠

O grupo ativista Yes Men usa a provocação de modo similar. Formado num espírito de improvisação, ele foi criado pelas personalidades fictícias Jacques Servin e Igor Vamos (Andy Bichlbaum e Mike Bonanno, respectivamente), dupla de ativistas que procura expor a verdade por trás de problemas sociais, políticos e econômicos.

Conversamos com Andy Bichlbaum sobre os desafios da provocação. "É difícil falar do que estamos fazendo pra mudar as coisas", disse ele. "Em si mesmas, as ações não fazem mesmo nada de mais, mas no contexto de um movimento, podem ter resultado." Como o La Barbe, a ferramenta principal do Yes Men é capturar a atenção da mídia. "Damos uma desculpa (em geral na forma de piada) para os jornalistas cobrirem coisas importantes."

Bichlbaum nos disse que o problema é que tem "todos esses jornalistas do *mainstream* que querem fazer algo interessante e querem falar algo interessante, mas se encontram presos em estruturas nas quais não podem simplesmente cobrir algo muito importante".

Pregar peças sempre fez parte do DNA de Bichlbaum, mas foi somente quando estava beirando os 30 que ele encontrou um jeito de direcionar o instinto para o ativismo. Sua primeira peça ativista foi como programador de computadores numa empresa de jogos. Bichlbaum estava fazendo um jogo chamado *SimCopter* e colocou meninos se beijando no *script*. "Fiz porque estava de saco cheio do trabalho. Sabia que ia acontecer alguma coisa, só não sabia o quê." Quando o jogo foi lançado, gerou toda uma história na mídia, e Bichlbaum gostou da atenção. Queria continuar com esse trabalho de sabotagem corporativa, então fez um site falso no qual empregados descontentes podiam juntar-se para pensar em maneiras de sabotar as empresas em que trabalhavam.

Esse site falso de financiamento para sabotagem corporativa foi apenas o primeiro passo. Em seguida, Bichlbaum e Bonanno criaram o Yes Men como agência de relações públicas para "ativismo travesso contracultural". O primeiro sucesso real do Yes Men foi um site de brincadeira que fizeram em 2000 junto da página da Organização Mundial do Comércio, que regula tarifas e comércio no mundo todo (http://www.gatt.org), acrescentando: "Numa conferência na Faculdade de Administração de Wharton sobre negócios na África, que ocorreu no sábado 11 de novembro, a OMC anunciou a criação de uma nova forma de escravidão bastante incrementada para as partes do continente que foram mais impactadas pela história de 500 anos do livre-comércio".

Como resultado da brincadeira, Bichlbaum e Bonanno começaram a receber pedidos para representar a OMC perante grupos e organizações. Eles responderam, fingindo ser representantes oficiais da organização. A brincadeira recebeu atenção internacional e conferiu ao Yes Men uma plataforma global.

Desde o sucesso da piadinha com a OMC, eles continuaram a encenar trotes divertidos e satíricos, e partilham suas práticas de improvisação por meio do Yes Lab, uma incubadora de ativistas. Mas Bichlbaum toma o cuidado de são superestimar o impacto das pegadinhas do Yes Men: "Conseguimos a atenção da mídia, mas só falar não muda nada. Podemos apenas ajudar a fazer pressão e aumentar o interesse".

O que se pode aprender com os provocadores? Grupos como o Yes Men e o La Barbe nos ensinam a não comprometer nossa visão ou propósito. Os provocadores também não têm medo de desafiar a autoridade e as mentes fixas. Para muitos de nós, é possível canalizar o espírito da provocação ao nos tornarmos "destruidores de mitos residentes". Podemos sacudir organizações que precisam de mudança mostrando como certos modos de pensar são equivocados ou falhos. Mas para muitos de nós, nosso sucesso enquanto provocadores vem com um comportamento gracioso e tático, e com saber o momento certo de ignorar certas conversações.

## Por que não pode ser sempre assim?

Uma das mais históricas culturas de provocação é a dos festivais. No verão de 2014, Tom Kenning resolveu visitar o máximo de festivais que podia na Inglaterra e Europa continental para responder à seguinte pergunta: "Por que não pode ser sempre assim?". Ou: o que podemos aprender com o espírito dos festivais para nos inspirar para a vida.

Historicamente, os festivais de colheita ou religiosos e seus banquetes eram realizados em celebrações e eventos sagrados que ofereciam uma "escapada" da dureza do dia a dia. Muitos dos festivais de hoje incluem grandes encontros de música como Coachella e Glastonbury, mas cada vez mais crescem festivais experimentais, como o Secret Garden Party, na Inglaterra, o Borderland, na Suécia, e o Burning Man, em Black Rock City, Nevada.

Como Kenning nos disse, ele estava interessado em explorar como a indulgência dos festivais culturais poderia ser trazida "para fora dos portões a fim de combater o tédio e o isolamento da vida de trabalho". O que ele descobriu foi que, para muitos, esses momentos ofereciam um escape à autoconsciência. Os frequentadores tinham um senso de unidade e conexão. A vida no festival oferecia oportunidades de espontaneidade e uma experiência completa dos sentidos. Naturalmente, música, dança e performances permitiam vivências mais intensas do que as que se encontram no escritório. Mas além de um apetite ou fluência maior para falar com estranhos e as lembranças de sentir-se livre e fluindo, muito do espírito dos festivais parecia desaparecer na sobriedade da vida normal.

Um grupo que luta para liberar o espírito dos festivais na monotonia da vida urbana é o Morning Glory. Iniciado em Londres em 2013, oferece raves matinais sóbrias para aqueles que querem começar o dia dançando, tomando *smoothies* e recebendo massagem para acordar de vez. As raves começam às 6h30 da manhã e tipicamente vão até por volta de 10h30. Embora o Morning Glory tenha começado como uma provocação para que os passantes cotidianos desafiassem sua rotina matinal típica, ele vem crescendo desde então e tornou-se evento regular que opera no mundo todo.

Após receber centenas de cartas de pessoas que queriam trazer as raves matinais para sua cidade, o Morning Glory abriu uma franquia de seu modelo. Eles recrutam "Agentes da Glória" ou produtores de evento ao redor do mundo. Cada Agente da Glória é entrevistado ou recebe um "cheque de aura", sendo analisado não somente por sua paixão, mas por suas habilidades com produção de eventos, marketing e relações públicas. Cada agente recebe um "Guia da Glória", que é essencialmente um grande manual que delineia os princípios, valores e diretrizes do negócio e da marca Morning Glory. Em retorno pela afiliação à empresa, os franqueados pagam uma taxa de licença de cerca de mil dólares e uma pequena taxa anual.

Até o momento, o Morning Glory opera em 14 cidades, incluindo Barcelona, Nova York, Londres, Tóquio, Bangalore e Melbourne. Perguntamos à produtora nova-iorquina Annie Fabricant por que ela achou que o Morning Glory estava pegando e como era seu impacto nas pessoas. "É engraçado pensar que uma rave de manhã pode mudar as vidas das pessoas, mas pode. As pessoas saem empolgadas e com uma nova fé na humanidade. Rola uma explosão de energia e amor que não depende de álcool nem drogas. E isso dá mais sentido às vidas das pessoas."

Embora muitas culturas de festivais tenham impacto duvidoso em longo prazo, a habilidade de imaginar e adentrar um mundo radicalmente diferente do dia a dia é o básico de qualquer provocação. O festival e a ficção científica das espaçonaves não são muito diferentes – ambos oferecem mundos temporários que podem nos ajudar a reimaginar a realidade e fortificar as operações da imaginação.

☠ ☠ ☠

No começo dos anos 1990, aos 16 anos, Tom Farrand e seus amigos frequentavam raves ilegais na Inglaterra. Ele se lembra de, certa vez, enquanto dirigia um Ford Transit turbinado, na estrada, um dos amigos ter recebido uma ligação anônima. Quando ligaram de volta para o número, disseram que fossem a um posto de gasolina. Chegando lá, foram direcionados a um campo aberto perto de uma estrada próxima. Na primeira rave, apenas 300 pessoas apareceram. Cerca de cinco anos depois, havia mais de 30 mil.

As raves não eram apenas uma escapada hedonista para Farrand. Na verdade, serviam para criar um tipo diferente de cultura. "Tivemos uma experiência coletiva", ele nos contou. "Um balde passava de mão em mão se alguém fosse ligar um gerador, e todo mundo colocava um pouco de dinheiro. A ideia era se sentir livre, conectar-se com algo maior e permitir que rolasse uma organização espontânea."

Depois de adulto, Farrand passou mais de 18 anos trabalhando com inovação, marca e negócio para empresas, incluindo Procter & Gamble, WPP e Oliver Wyman. Em 2009, fundou uma organização chamada Good for Nothing, que lhe permitiu misturar sua experiência com marcas ainda em crescimento e manejo de processos de inovação e frequentar raves.

O Good for Nothing junta inovadores que querem "pensar, hackear e fazer" por meio de shows, eventos surpresa de um a dois dias organizados com base num espírito de informalidade. "Largamos mão de poder e controle e permitimos que as pessoas se organizem sozinhas e que as ideias e colaborações emerjam naturalmente", disse Farrand.

## HONRANDO A FICÇÃO TEMPORÁRIA

O valor de provocar está no começar de uma conversa. Um movimento de protesto não dura para sempre. Uma novela de ficção científica acaba quando terminadas as páginas. Uma pegadinha guarda o segredo somente até o momento de ser descoberta. Contudo, grupos de pessoas que fazem as perguntas certas ou sondam alternativas em geral abrem caminho para que a verdadeira mudança emerja. Culturas como a do RPG de ação real ou o Burning Man, que criam mundos temporários, podem gerar *insights* que vazam para a realidade formal. Talvez nem todos nós queiramos passar o tempo todo vestidos com trajes festivos zanzando por uma economia de incertezas, isolados numa missão de simulação de vida em Marte ou protestar no Parque Zuccotti, mas os mundos temporários criados pelos provocadores atiçam o diálogo em nossa cultura formal e criam as condições para que ocorra a inovação.

## CAPÍTULO 6

# GIRAR

Para Gib Bulloch, consultor da Accenture, o trabalho voluntário era algo que somente os outros faziam – até que, um dia, enquanto transitava pelo metrô de Londres, viu um artigo no *Financial Times* sobre oportunidades de voluntariado para profissionais no exterior.

"Achava que tais oportunidades existiam apenas pra médicos, enfermeiros e professores, não para executivos como eu", disse. Intrigado, ele se inscreveu e passou um ano num projeto de desenvolvimento nos Bálcãs. Bulloch não passava por uma crise de meia-idade. Estava contente com seu papel na Accenture; era sempre desafiado e crescia financeiramente. Entretanto, quis explorar um aspecto que faltava em seu trabalho: como os negócios podiam causar um impacto mais positivo ao mundo.

Bulloch acabou ficando dez meses na Macedônia. Ficou aproveitando as regalias de ser consultor de gestão (hotéis finos, viagens em primeira classe e um salário confortável) para um país destruído por conflito étnico, permeado por pobreza e desemprego. Na tentativa de melhorar a situação, ele começou a trabalhar num centro de apoio a empresas para melhorar as habilidades e capacidades de pequenos e médios empreendimentos (PMEs). Após certo tempo, Bulloch percebeu como poderia ser muito mais eficiente se tivesse uma equipe de consultores trabalhando com ele. Segundo ele, "havia uma grande falta de *expertise* em negócios entre as pessoas que encontrei fazendo desenvolvimento nos Bálcãs".

Num inverno rigoroso, e com "tempo de sobra pra pensar", ele se perguntou: "Por que a Accenture não está aqui? Por que as empresas de consultoria em gestão não atuam em locais como este?".

Bulloch sentiu que tinha se deparado com uma grande falha de mercado. "Como consultor, estava acostumado com a qualidade em termos de melhor prática, ativos de e manejo de informação. Mas trabalhando como voluntário, senti que a indústria do desenvolvimento andava muito solta e fragmentada." Ele achou que o setor de desenvolvimento precisava de mais habilidades profissionais.

Enquanto se preparava para deixar os Bálcãs, entrar num avião e voltar para Londres e seu emprego na Accenture, Bulloch viu-se num pequeno café em Thessaloniki,

Grécia, onde começou a projetar uma nota de imprensa falsa sobre um novo negócio da Accenture. O artigo, Bulloch nos disse, descrevia a visão dele de uma empresa de consultoria incubada dentro da Accenture que ajudaria a profissionalizar o trabalho do desenvolvimento.

A consultoria construída com recursos e equipe da Accenture focaria o trabalho com ONGs e organizações doadoras num ritmo "para não perder": em outras palavras, criaria um negócio sem fins lucrativos dentro de um negócio com fins lucrativos. Armado com sua ideia de desajustado, Bulloch precisava encontrar um jeito de captar a atenção de seus superiores. O artigo falso foi o gancho. Ele o escreveu como se fosse o presidente da Accenture (dotado de fictícia nobreza no texto) num futuro Fórum Mundial de Economia em Davos, Suíça. Citando o tal artigo, cujo título ousado era "Gigante da consultoria em gestão causa avanço no papel dos negócios na sociedade", a nova consultoria teria por objetivo "maximizar o escopo global e as capacidades de negócio do gigante da consultoria, mas focando o bem da sociedade".

Quando retornou a Londres, ele mostrou o artigo ao chefe da Accenture no Reino Unido, que apoiava os esforços de voluntariado da empresa e sempre gostara de Bulloch. Essa pessoa passou o artigo para o presidente do grupo, Sir Mark Moody-Stuart, cujo interesse foi captado, e ele concordou em encontrar-se pessoalmente com Bulloch para discutir a ideia num café da manhã.

Na manhã da reunião, Bulloch acordou excepcionalmente tarde. "Foi horrível", ele recorda. "Aquela era a maior reunião da minha vida, e acordei 30 minutos antes de ela começar." Ele pulou da cama e meteu-se no terno sem nem tomar banho. Chegou em cima da hora à reunião, mas esse momento ainda o assombra: "Se eu não tivesse acordado, minha carreira teria tomado um rumo fundamentalmente diferente".

Durante o café, o presidente fez algumas perguntas bem pragmáticas. As pessoas estariam dispostas a trabalhar por um salário menor? Havia um mercado em desenvolvimento, e o setor justamente de desenvolvimento ia querer os serviços deles?

Bulloch recebeu sinal verde para trabalhar um pouco mais para responder a essas perguntas. Ele juntou uma equipe de voluntários dentro da companhia para montar um plano de negócios e descobrir onde havia mercado para esse tipo de empreitada. "A abordagem foi bem no esquema guerrilha pra tirar a ideia do papel", disse Bulloch. A equipe analisou o que os competidores vinham fazendo e quais eram as necessidades do setor de desenvolvimento, e começou a refinar o modelo de negócio.

Ele, depois, apresentou as descobertas da equipe aos chefes da Accenture a fim de garantir financiamento para um estudo viável. "Um dos melhores conselhos que recebi de um dos parceiros de gestão foi que eu precisava engajar as pessoas da empresa que mandavam no dinheiro: 'Corra atrás desse pessoal que dá medo', ele me disse." Bulloch não queria que sua iniciativa fosse uma parte deslocada da firma. Tinha que estar ligada ao cerne do negócio. Então ele começou a cortejar cinco pessoas que controlavam o orçamento e poderiam transformar sua visão numa parte central dos negócios da Accenture. Assim que ele conquistasse três desses cinco, conseguiria impulso para atrair os outros dois. "Sem dúvida, é uma arte ser um desajustado dentro de uma empresa", ele disse. "Você tem que saber como navegar pela política."

Quando todos os cinco subiram a bordo, Bulloch e sua equipe enviaram um questionário aos empregados da Accenture para definir se eles optariam por fazer consultoria de desenvolvimento e se o fariam por um salário menor. Eles mapearam a pesquisa com os mais recentes dados de taxas de performance e descobriram que os mais interessados dentro da companhia eram os que tinham maiores taxas de performance. "E isso era munição das boas. Podíamos dizer ao RH que era aquilo que queríamos."

Em 2002, Bulloch começou a montar o negócio. Aceitou uma redução salarial e formou um comitê consultivo dentro da Accenture para supervisionar a unidade nova. Os primeiros três projetos-piloto incluíam uma parceria com o Departamento de Desenvolvimento Internacional, no qual a equipe de Bulloch trabalhou para melhorar a resposta de centros de informação humanitária na Ásia; um projeto no Vietnã com a Care International, sem fins lucrativos, para melhorar as habilidades da equipe local; e uma empreitada em desenvolvimento na Sérvia.

Para Bulloch, essa nova prática era um modo de manter um pé no setor corporativo e um no mundo que o inspirara durante seu trabalho nos Bálcãs. Era exatamente esse tipo de liderança híbrida que ele procurava catalisar na Accenture. "Tem como fazer uma proposta mista aos empregados, na qual existam os benefícios de uma carreira tradicional mais a oportunidade de aplicar habilidades de um modo diferente – onde haja a sensação de que há um propósito?" Parecia possível, mas moldar esse tipo de caminho de carreira dentro de uma empresa focada na linha de base era um desafio.

"Primeiro, você está vendendo essa proposta externamente para um setor de desenvolvimento que não necessariamente enxerga o problema – acostumado a fazer consultoria de graça e panfletos. Depois você vende isso internamente a uma empresa que está acostumada com altas margens de lucro e clientes corporativos tradicionais." Às vezes, Bulloch admite, estava indo numa direção completamente diferente da dos interesses comerciais da Accenture. Mas havia algo de muito significativo, na proposta dele, para a empresa. Ele estava trazendo novas habilidades e capacidades.

Os empregados da Accenture receberam treinamento especial para trabalhar em projetos de desenvolvimento junto à divisão de Bulloch. "No primeiro treinamento-piloto que fizemos, trouxemos um cara dos mais desajustados, de tatuagem, vestindo jeans e camiseta larga, que trabalhara numas situações de muita pressão na Nigéria e no Camboja. Era muito diferente do pessoal em treinamento da Accenture, todos de terno e gravata e se comunicando por Power Point", recorda Bulloch. Nessas sessões de treinamento, ele trabalhou para adaptar as habilidades dos consultores da Accenture fazendo-os entender que, em muitos casos, eles estariam ali apenas para escutar e aprender. Tinham também que manter-se seguros e ser espertos no local.

Atualmente, a consultoria de Bulloch chama-se Accenture Development Partnerships (ADP). A divisão permite que empregados da empresa passem pela divisão sem fins lucrativos interna – como de modo sabático –, o que lhes permite ter oportunidade de trabalhar com clientes do setor de desenvolvimento em projetos que vão desde reduzir a desnutrição infantil em Bangladesh a construir plantas de energia solar sustentável em Uganda. Os resultados são positivos. A equipe da ADP trabalhou em mais de 70 países e em mais de 200 projetos num ano. "Entregamos 250 milhões de dólares em projetos desde o início", Bulloch explicou. E entretanto, "as pessoas ainda me perguntam se esse é meu único emprego. Que insulto! Mesmo com todo o nosso sucesso, ainda tenho que lidar com o sistema imune corporativo da firma. Tem um monte de gente e normas que querem farejar tudo que é diferente".

Em âmbito pessoal, Bulloch considera-se um pouco desajustado. "Todos nós nos sentimos alienados até certo ponto nas empresas para as quais trabalhamos. Ser chefe de qualquer organização pode ser algo bastante solitário", ele disse enfaticamente. Quando Bulloch faz apresentações a ONGs, em geral é visto como "o cara do maligno setor privado". E quando se apresenta dentro da empresa, é "o esquisitão do desenvolvimento". Bulloch admitiu: "sou sempre o peixe fora d'água".

Bulloch aprendeu tremendamente com essa experiência, principalmente como incubar *startups* dentro de empresas grandes. "Ter uma ideia desajustada é a parte fácil. O resto resume-se a encontrar abrigo. Você precisa se proteger da liderança. Precisa de apoiadores de vários pontos da empresa." Ele explicou que pode ser muito fácil sufocar a inovação dentro de grandes burocracias. "Não se pode aplicar os mesmos princípios de gestão usados em uma grande corporação a uma *startup*." Por exemplo, as políticas e procedimentos de gestão de risco que a Accenture aplica em mercados comerciais grandes e maduros não se aplicam a muitos países em desenvolvimento onde a ADP opera. Embora existam desafios e desencontros culturais entre essas *startups* e suas corporações hospedeiras, elas podem ajudar o DNA corporativo a evoluir. Bulloch nos contou que está encontrando demanda crescente dos negócios comerciais lucrativos da Accenture pelas habilidades e *expertise* que a ADP tem em torno de mercados emergentes, dinâmicas da base da pirâmide e sustentabilidade. "Pedem-nos constantemente para atuar com *expertise* em apostas e propostas de clientes comerciais, porque pode ser um bom diferencial."

Passaram-se 15 anos desde que Bulloch retornou dos Bálcãs. Ele continua trabalhando para colocar a ADP na rede sanguínea da Accenture. "Todo dia desafio a ideia de que o único propósito de uma empresa é fazer dinheiro para os acionistas."

Refletindo sobre sua jornada, ele disse: "você dá um passinho para o desconhecido e isso coloca em movimento esse processo em cascata". Bulloch usa a metáfora de escalar uma montanha: "Conforme você vai escalando mais e mais alto, pode ver mais e mais ao redor, e quanto adiante ainda tem que ir. Quando você está num vale, você tenta chegar num pico específico, e depois descobre que o pico é um começo de uma montanha muito maior".

Ao jogar-se numa situação desconfortável e desconhecida, na qual lidou com questões que muitos acreditavam estar fora do escopo dos negócios, Bulloch teve uma epifania que foi capaz de trazê-lo de volta à empresa. A abertura para pensar existencialmente sobre o papel da consultoria em gestão permitiu-lhe criar todo um novo campo em torno do caminho de carreira híbrido. A experiência que Bulloch teve nos Bálcãs é algo que hoje outros consultores da Accenture podem partilhar.

## O GIRO PESSOAL

A inovação é tradicionalmente definida pelas coisas que acontecem *fora* de nós: as histórias banais que contamos de Ford fabricando um carro, Edison inventando a lâmpada e Jobs criando o iPhone.

Mas e quanto à inovação interna? Transformação de identidade? Quais práticas inovadoras existem para navegar dentro de nós mesmos? Como podemos encontrar modos de nos conectar com o que queremos, com o que precisamos? E como juntamos coragem para nos virar e nos colocar em nova direção?

É bastante comum em negócios falar sobre giros em *startups* ou estratégias com relação a empresas. Mas quando pensamos no que significa o "giro" dentro da economia desajustada, estamos nos referindo aos giros *pessoais* – a experiência de encenar uma mudança dramática no curso da vida para conseguir maior realização e inspiração, como Gib Bulloch fez após seu voluntariado nos Bálcãs.

Girar significa ter a coragem de seguir um novo caminho, mesmo perante a dúvida, a pressão da sociedade, a resistência dentro da empresa ou a oposição da comunidade. Engloba a disposição de transformar completamente o senso que se tem de si mesmo dando um passo para o desconhecido, apesar de estar incerto. Como a jornada de Alice ao País das Maravilhas ou a viagem de Dorothy pela estrada de tijolos amarelos, girar pode significar começar uma aventura nova, sem esperar ter um destino perfeito.

## GIRANDO UMA GANGUE DE RUA DAS PIORES

Por toda a vida, Antonio Fernandez, assim como muitos latinos, vivenciou o racismo. Na terceira série, o professor o chamou de *spic*, termo usado nos EUA para se referir de modo pejorativo aos latinos. Desse momento em diante, ele desenvolveu um ódio por "tudo que era branco, tinha olhos azuis, e pelo governo". Desde então, esse garotinho quis garantir que jamais enfrentaria esse tipo de desrespeito. Mais tarde nesse ano, na escola, o mesmo professor o instruiu a "meditar – enxergue-se como você quer ser, e acontecerá". Quando o menino fechou os olhos, a visão clareou: ele quis ser traficante de drogas.

Quando chegou aos 29, Fernandez superara as expectativas da infância; recebeu a alcunha de Rei Tone e tornou-se o líder da Almighty Latin King Nation (ALKN) – Toda-Poderosa Nação dos Reis Latinos, numa tradução livre –, o braço nova-iorquino dos Reis Latinos. A própria história da gangue é de uma organização fundada sobre o desajuste. Originados em Chicago nos anos 1940, os Reis Latinos são um organização social porto-riquenha unida para combater o preconceito de muitos dos vizinhos brancos. Com acesso apenas a empregos característicos de imigrantes e, mais tarde, nas fábricas, os Reis Latinos quiseram restaurar um senso de orgulho e identidade entre os seus. Desde o início, estes foram forçados ao *underground* por uma sociedade que não reconhecia os talentos deles, uma sociedade que os tratava como menos que humanos.

Embora inicialmente composta por porto-riquenhos, a gangue passou a incorporar uma identidade latina mais ampla, atraindo membros das Américas Central e do Sul. Mas lá pelos anos 1970, os Reis tinham perdido a mão, restando-lhes apenas vestígios da organização social que um dia foram. Em jargão de negócios, podemos dizer que eles tinham "se perdido na missão" conforme giraram para tornar-se uma organização criminosa e uma das maiores gangues de rua traficantes de drogas dos EUA.

Quando Rei Tone tornou-se líder, os Reis latinos recuperavam-se de um período mortal de instabilidade. O crescimento rápido da ALKN trouxera consigo um caos organizacional. O predecessor de Fernandez, Rei Sangue, mandara matar sete membros da ALKN que ele julgava terem desobedecido a ele e ameaçado seu governo. O pior foi a morte de William ("Lil Man") Cartegena, que foi estrangulado, decapitado e mutilado. Por essas ações, Rei Sangue foi à prisão perpétua com confinamento em solitária.

Ao assumir a liderança, Fernandez deu um giro monumental: sua missão, como ele a via (diferente do sonho de ser traficante de drogas), era transformar os Reis Latinos de supostamente uma das "mais mortais gangues de rua" do país para uma organização com intuito de transformar a sociedade. Era uma missão que, em sua mente, tinha precedentes. "As gangues estão por aqui desde a fundação de Nova York. Elas dividiram esta cidade – os italianos, os irlandeses, os judeus – e depois seus integrantes viraram políticos, bombeiros e advogados." A diferença entre esses grupos étnicos e os Reis Latinos era que aqueles podiam evoluir. "Mas como imigrantes mais recentes e latinos, não passamos pelas mesmas dores do crescimento."

☠ ☠ ☠

Fernandez foi iniciado nos Reis Latinos na prisão, depois de ter sido preso diversas vezes enquanto estava em liberdade condicional, relativa a uma pena anterior por tráfico de heroína. Ao chegar à prisão dessa vez, Fernandez ficou profundamente desapontado consigo. "Todas as coisas que eu achava que queria (dinheiro e respeito) não tinham me trazido realização alguma." Mas "depois de ser coroado [iniciado nos Reis], me senti diferente na hora", ele nos contou. "Senti que estava entrando num caminho diferente." Ele passara a adolescência viciado em cocaína e tocando um bem-sucedido "negócio" de tráfico de drogas, mas na gangue, Fernandez encontrou a estrutura que acreditava precisar na vida para manter-se sóbrio e disciplinado. "Após tornar-me um Rei, isso solidificou minha crença de que eu não seria mais um viciado. Eu tinha outra coisa pela qual viver."

Foi na cadeia que as sementes do giro feito por Rei Tone foram semeadas. Durante seu período de encarceramento, Fernandez começou a conquistar clareza quanto a seu propósito na vida. "Eu sabia que não era uma pessoa ruim. Sabia que, mesmo machucando pessoas, eu tinha boa fibra moral. Só não sabia o que fazer pra me tornar uma pessoa melhor, conseguir mais na vida. Não sabia aonde ir nem o que fazer pra conseguir aquilo que sempre quis: ser respeitado, ser alguém com quem as pessoas podiam contar e alguém que podia gerar mudanças. Queria liderar, como tinha liderado o tráfico. Queria usar meu talento natural para o bem."

Foi esse desejo de realizar mudanças positivas dentro da comunidade que inspirou o giro de Tone. Contudo, ele sabia que não seria uma tarefa fácil transformar uma gangue acostumada à violência numa organização com missão cívica. Fernandez queria que os Reis fossem vistos como um movimento social, como os Panteras Negras ou a Nação do Islã.

Para Fernandez, a transição era possível porque os Reis sempre mantiveram certa identidade de resistência. Só precisavam retomar e celebrar esse aspecto. Fernandez queria mostrar que uma das gangues de rua mais mortais era também humana. Como muitas corporações, muitas gangues dos EUA tinham se tornado organizações *à la* Golias. Estavam sendo derrubadas pelo próprio peso. O crescimento sem precedentes dos Reis Latinos nos anos 1990 trouxe divisões internas e conflito. Nas corporações, esses processos dolorosos de crescimento resultam em e-mails veladamente agressivos, demissões ou ligações telefônicas frustradas; numa organização de rua, essa instabilidade gera fuga interna. Os membros dos Reis Latinos que demonstravam falta de lealdade recebiam sentença de morte da parte do Rei Sangue.

    A organização acabara sendo governada por uma mentalidade militar que fora, um dia, essencial para sua sobrevivência, mas não cabia mais no ambiente em que se encontravam. A militância original dos Reis devia-se à fundação no sistema prisional de Nova York, onde a brutalidade era crucial para tirar a organização do chão. Fora da prisão, contudo, os membros não conseguiam adaptar-se. Como Fernandez nos contou, "o contexto mudara, mas muitos dos membros não tinham as habilidades necessárias para existir fora da prisão. Não se adaptavam à vida urbana, ao emprego ou a uma coexistência pacífica na sociedade". Esses desajustados corriam o risco eterno de ficar no círculo do encarceramento, a não ser que os Reis Latinos pudessem ser transformados.

    Fernandez trabalhava para pôr um fim na imagem de mortíferos, mas converter gângsteres em poderosos atores de um movimento civil demandaria uma montanha de apoio dos próprios Reis. Isso requereria que Fernandez construísse esse apoio desde a base, usando os diversos rapazes da região como embaixadores.

Para ele, humanizar uma organização como os Reis trouxe muita resistência, tanto internamente quanto do mundo exterior, no qual muitos não enxergavam as reformas como sendo feitas de boa fé. O FBI ainda rotulava os Reis como desviados da sociedade e ameaça à harmonia social.

Entre os Reis, havia resistência a tornarem-se uma organização mais apresentável ao público. Alguns membros da gangue receavam perder a qualidade clandestina central à organização, que os esforços de Fernandez trariam o tipo errado de atenção. "Ser identificado nunca é legal", ele nos disse. "É melhor andar pela sombra."

Contudo, para que os Reis Latinos compreendessem a visão de servir ao público de Fernandez, eles teriam que sair para a comunidade. Os membros da gangue foram colocados para dar de comer ao povo, participar de manifestações e cobrar dos políticos.

Fernandez certificou-se de não comandar a nova estratégia de cima para baixo. A gênese de seus experimentos em consciência cívica foi resultado de uma sociedade secreta – uma espécie de força-tarefa interna – que operava dentro dos Reis durante o governo do Rei Sangue. Quando Fernandez tomou o poder, procurou executar muitas das ideias dessa força-tarefa. Mas não foi tão simples quanto parecia.

Para garantir que perspectivas locais fossem consideradas, Fernandez visitou cada uma das regiões e foi a encontros de iniciação locais, nos quais apenas escutava. Essa escuta permitiu-lhe descobrir o que as pessoas achavam sem depender da hierarquia comunicacional. Fernandez certificou-se de priorizar muitos dos problemas e necessidades dos diferentes locais. Como resultado, quando começou a trabalhar com os diversos embaixadores das tribos (aqueles líderes das regiões todas) para apoiar a execução da estratégia, a resposta foi positiva.

Para diferenciar-se da liderança despótica, violenta e aterrorizante de seu predecessor, Fernandez certificou-se de não dizer às pessoas o que fazer, mas de escutar as perspectivas das regiões. Sua habilidade de assimilar as opiniões dos Reis Latinos que não estavam em posições altas gerou menos resistência quando chegou a hora de mudar de estratégia. Todos pensavam conhecer a origem ou fonte do pensamento de Fernandez. Para este, essa estratégia foi parcialmente automotivada. Numa gangue, se você não conseguir convencer a todos, alguém pode tentar dar fim a sua vida. Os Reis Latinos tinham uma cultura de evasão que restara do reinado do Rei Sangue; isso dava um poderoso incentivo a Fernandez para tentar superar com o apoio. Ele não tentou construir um consenso total, mas deu ouvidos a cada pessoa.

Como em quase todas as tentativas de mudança de gestão, teve gente preocupada com a estratégia de Fernandez. Alguns membros dos Reis achavam que a organização devia ser dividida em duas: um braço retendo o aspecto militar e outro focado nos ideais civis. Fernandez foi relutante quanto a dividir os Reis Latinos. Ele chegou a ser abordado por organizadores políticos externos que queriam vê-lo mudar a imagem da organização para politizá-la totalmente, cortando o contato com as origens da gangue. Embora Fernandez enxergasse além dessa mudança de imagem, achava que os Reis Latinos tinham construído coisas demais e ido muito longe enquanto organização para considerar liberar subgrupos.

Ao manter intactos os Reis Latinos, ele sentiu que ajudava a organização a evoluir. Fernandez sabia que se os Reis mantivessem sua pegada militar, seriam extintos por derrocada da gestão. Como muitos CEOs, ele receava que a regulação acabasse tirando os Reis do mercado de todo. Ele trabalhou para injetar um novo espírito na organização.

Uma das estratégias concretas que Fernandez enxergou como crítica à reeducação dos Reis Latinos foi construir alianças externas em torno de questões cívicas. Os Reis trabalharam com grupos como o Mothers Against Police Brutality [Mães Contra a Brutalidade Policial] para trazer atenção aos abusos por parte da força policial de Nova York. Trabalharam também com a Nação do Islã, Al Sharpton e o Rainbow Coalition, de Jesse Jackson, em prol dos direitos civis, justiça social e ativismo político.

O objetivo de Fernandez era fazer com que os Reis aderissem a outras organizações que tinham experiência em ações nas quais ele queria que os seus crescessem. Ao trabalhar com pessoas como Richie Perez, um professor do sul do Bronx e defensor da justiça social, os Reis aprendiam como fazer parte de demonstrações não violentas. Se eles queriam ficar mais envolvidos com movimentos políticos, precisavam aprender a arte da desobediência civilizada.

Muitos do lado de fora, principalmente o FBI, acusavam os Reis de "gangue má com campanha de relações públicas".[1] Muitos sentiam que a recém-descoberta consciência cívica dos Reis Latinos não passava de cobertura para suas atividades criminosas.

Contudo, os esforços de Fernandez foram mais do que campanha de relações públicas. Dentro da organização, muitos membros da gangue sentiram a mudança. Um Rei Latino com quem falamos lembrava-se de como os mais jovens da gangue eram mantidos separados dos adultos. Essa estratégia era nova, um modo de protegê-los da militância dos mais velhos.

Como ouvimos de um ex-membro da gangue (que preferiu permanecer anônimo), "Fernandez não queria que pegássemos maus hábitos. Ficavam tentando nos proteger das coisas". Os Reis Latinos mais jovens tinham que respeitar toques de recolher e precisavam de permissão

---

[1] *Black and Gold: The Story of the Almighty Latin King and Queen Nation*, Big Noise Films, 19 maio 2009.

dos pais para se juntar à gangue. Eram educados, também. Eles tinham aulas frequentes de história e direitos civis e eram instruídos sobre como se comportar em manifestações. Em parte, Fernandez percebia que não podia vencer nem reeducar muitos dos membros mais velhos, acostumados à vida de gângster. Mas podia isolar os jovens e tentar cultivar diferentes instintos entre a próxima geração. Havia a esperança de que pudessem procurar oportunidades de emprego legais. Fernandez saiu por aí falando com empresas para encorajá-las a contratar os Reis Latinos. Convidou corporações para reuniões com eles, nas quais pudessem presenciar, em primeira mão, os valores da organização e a estrutura sofisticada de gestão e ordem que possuía. Como Fernandez nos contou, "todo mundo que eu conhecia estava fazendo algo ilegal, mas se eu pudesse arranjar-lhes um bom emprego, eles poderiam fazer a transição".

Muitos dos Reis Latinos, inclusive Fernandez, não o fizeram de todo. Apesar dos esforços cívicos, as oportunidades econômicas legais não andavam fluindo rápido o bastante, e os Reis continuaram com suas atividades criminosas, visto que os membros dependiam do tráfico para sustentar-se. Em junho de 1999, Fernandez foi sentenciado a 12 anos e meio de prisão por conspirar para o tráfico de cocaína e heroína. Embora não tenha sido encontrado com posse dessas drogas, havia um vídeo que o mostrava em frente a um prédio no qual ocorria uma transação. Muitos acreditavam que Fernandez fora almejado por conta de sua crescente atividade política e o posicionamento que os Reis Latinos estavam tomando contra a brutalidade policial.

Após ser mandado à cadeia, Fernandez passou três anos confinado em solitária para não poder comunicar-se com nenhum Rei Latino nem mandar mensagens para a gangue. Durante esse tempo sozinho, Fernandez nos disse que passava "três horas pela manhã e pela noite apenas me lembrando de quem era e quais eram meus valores. Ficava andando pela cela e falando sozinho". Foi um período intenso e desagradável, durante o qual ele se engalfinhou com seus motivos para estar ali, seu propósito.

Após cumprir sua pena e sair da prisão, Fernandez não teve escolha senão reconstruir sua identidade e sua vida. Uma condição para ser solto foi não mais poder chamar-se de rei nem saudar outros Reis Latinos que o vissem na rua.

Desde que saiu da prisão, pôde passar tempo com a família e participar ativamente da vida dos filhos. Em vez de voltar a traficar, atualmente ele aplica sua liderança carismática na luta para pôr fim à violência nas ruas. Ele trabalha agora em Newark, Nova Jersey, para um programa que procura jovens identificados pelas cortes como "em risco", ajudando a reduzir as taxas ultrajantes de crime e homicídio da cidade. 2013 foi o ano mais violento que a cidade já vivenciara em comparação aos últimos 50 anos, com mais de

200 mortes violentas.² Os tempos de Fernandez nas ruas fizeram dele um *expert* em violência e seus motivadores; seus tempos na prisão fizeram dele um *expert* em si mesmo, seus objetivos, seus valores. Juntando esses dois mundos, ele agora presta um serviço valoroso à sociedade.

"A juventude só quer três coisas", ele nos contou: "amor, pertencimento e oportunidade. Se você tirar isso deles, eles criam essas coisas para si, e nem sempre do melhor jeito".

Embora Antonio Fernandez não tenha tido sucesso em converter os Reis Latinos numa organização civil legítima, isso não fica muito longe da escala de transformação que ele quis realizar. Seu giro pessoal foi engatilhado por meio da exposição perante líderes civis e muitos ativistas nova-iorquinos. Em geral, como no caso de Gib Bulloch, nossos giros pessoais são incitados por uma fome de entrar no desconhecido ou construir pontes entre dois mundos aparentemente diferentes.

## TRAZENDO A AMAZÔNIA PARA A CIDADE DE NOVA YORK

Tyler Gage era um jogador de futebol comprometido. Aos 18 anos, foi recrutado para jogar na Universidade Brown e estava para virar profissional. Contudo, no primeiro ano

---

2  "N.J. Homicides Soared to Seven-Year High in 2013 After Surges in Newark, Trenton". Disponível em: <www.nj.com/news>. 1 jan. 2014.

da faculdade, ao fazer uma disciplina chamada Religião Enlouquecida, as coisas começaram a mudar. Ele sentiu um interesse crescente por mitologia e experiências espirituais. "Me sentia preso nessa mentalidade ocidental. Era um menino do subúrbio, saído de um lar tradicional, e queria saber o que mais tinha lá fora", ele nos contou.

Por capricho, procurou um etnobotânico que tinha feito 18 anos de pesquisas na Amazônia equatorial e perguntou sobre a possibilidade de voluntariar-se durante o verão. Ele conseguiu, e o tal verão acabou se estendendo por dois anos, conforme Gage abandonava suas aspirações pelo esporte, deixando para trás a liga de futebol. Após trabalhar com o etnobotânico na Costa Rica, Gage foi ao Peru, onde passou nove meses no centro da floresta com uma tribo chamada Shipibo. "Apareci lá com uma barraca e me joguei pra aprender a linguagem e os costumes da tribo", ele nos contou.

Foi com os Shipibo que Gage começou a aprender sobre a espiritualidade indígena e o respeito da tribo pelas plantas e a natureza. Ele participou de cerimônias indígenas e aprendeu as canções que os índios usavam para conectar-se com o mundo espiritual. "Foi então que muitos dos meus limites começaram a quebrar", disse Gage. "Comunicar-se com forças além da percepção foi de pirar, para mim. O povo indígena que conheci tinha uma capacidade intuitiva tão refinada!"

Com a experiência de morar na floreta, Gage começou a sentir que muitas das coisas com as quais ele se preocupava estavam perdendo importância. Contudo, ele não teve uma epifania espiritual em si. "Foi apenas um processo de aprender a ficar incomodado, de aprender a e perder, e apenas estar presente nisso tudo."

Após mais um ano indo e vindo do Peru e passando tempo no Brasil com alguns grupos religiosos da Amazônia, Gage voltou à realidade, retornando, com relutância, à Universidade Brown. No verão antes do último ano, ele voltou ao Peru, mas dessa vez escutou, ao invés da natureza, serras elétricas. "Os homens que estavam cortando as árvores eram os mesmos que me contaram todos aqueles mitos sobre cuidar do meio ambiente e a importância da natureza", ele disse. Gage achou estranho, mas quando os confrontou eles disseram que tinham de escolher entre derrubar as árvores ou não ter dinheiro suficiente para mandar os filhos à escola ou conseguir cuidados médicos de emergência.

Um pouco desapontado, Gage acabou fazendo uma matéria de empreendedorismo durante o último semestre. Nessa disciplina, ele desenvolveu um plano de negócio com amigos em torno do conceito de um fabricante de bebidas que empregaria os fazendeiros amazônicos. O plano de negócio foi muito bem recebido e ganhou alguns prêmios, mas Gage formou-se e continuou pensando no negócio apenas como projeto de faculdade.

Ele recebeu a bolsa Fullbright para estudar etnolinguística junto dos Shipibo. Mas Gage acabou entendendo que apenas "me esconder e viver com essa tribo não criaria impacto no mundo", ele nos disse. "Eu sentia no coração que precisava começar essa empresa. Parecia o certo a fazer." O rapaz recusou a bolsa e começou a pesquisar para criar uma companhia baseada nas ideias que ele esquematizara anteriormente, em seu plano de negócios.

Gage pesquisou o mercado da *guayusa*, "superfolha" amazônica com que se faz chá, tem tanta cafeína quanto o café e o dobro de antioxidantes do chá verde. Apesar de suas propriedades únicas, a bebida dessa planta nunca foi vendida ou produzida comercialmente. Tradicionalmente, a *guayusa* é bebida às três da manhã, quando os índios juntam-se ao redor do fogo, contam histórias e interpretam sonhos. Para comercializá-la, Gage teve que aprender sobre a planta. Como se colhem as folhas? Como são secas? Como exportar? Quais são os regulamentos importantes?

Ele e seu parceiro de negócios, Daniel MacCombie, conseguiram dinheiro do governo do Equador para descobrir como produzir e exportar a *guayusa*. Eles teriam que construir toda uma rede de suprimento do nada, começando pelos produtores locais. Quando começaram a conversar com as comunidades indígenas na Amazônia sobre produzir *guayusa* e vender em garrafinhas em Nova York, disse Gage, os índios não levaram os rapazes muito a sério. "Aquelas eram comunidades que tinham sido discriminadas por tanto tempo que, quando esses dois caras brancos chegaram falando que havia milhões de pessoas que beberiam esse produto, acharam que éramos malucos."

Contudo, as pessoas começaram a aderir gradualmente. Os dois trabalharam com os índios mais velhos e engenheiros florestais locais que tinham treinamento e com quem podiam contar para executar a produção na floresta. Começaram a exportar a *guayusa* com uma empresa de nome RUNA em 2010. Durante os primeiros três anos, Gage e MacCombie enfrentaram dificuldades financeiras. Ele chegou, num certo ponto, a ficar tão sem dinheiro que percebeu que não teria o suficiente para pagar a taxa de dez dólares no aeroporto para sair do Equador. Chegou ao ponto de vender os fones de ouvido a um adolescente no estacionamento do aeroporto. Mas nem ele e nem MacCombie desistiram. Acreditavam que, se apenas "girassem a roda, as coisas aconteceriam".

Atualmente, a RUNA está em sete mil lojas por todos os EUA, comprando mais de 453 toneladas de folhas frescas de *guayusa* de mais de três mil famílias fazendeiras indígenas da Amazônia equatorial. A empresa gasta mais de 350 mil dólares anualmente para comprar *guayusa* e investe mais 50 mil por ano em projetos de desenvolvimento de comunidades na Amazônia por meio de uma fundação de livre-comércio. A RUNA também teve sucesso com o consumidor. Os Foo Fighters, banda de rock, são fãs da bebida, assim como o executivo da indústria fonográfica Rick

Rubin, como nos conta Tyler Gage. O ator Channing Tatum é investidor e embaixador da marca.

Se olharmos mais "de longe", vemos como a experiência de um jovem um tanto perdido na Amazônia levou à criação de um negócio incrível. Ele foi capaz de ligar sua experiência de estar meio sem rumo ao mundo real. Atualmente, Gage divide seu tempo entre a cidade de Nova York e o Equador para tocar o negócio. Ele nos contou que sua "conexão e comprometimento com a espiritualidade indígena nunca esteve maior". Ao mesmo tempo, ele passa 15 horas por dia analisando tabelas de Excel e fazendo a logística de sua equipe de vendas.

Com a RUNA, Gage ocupa duas culturas. Ele costuma participar de cerimônias indígenas e reconecta-se com a floresta, mas também se compromete em tocar a empresa como um negócio competitivo. Seu giro foi único no sentido de que ele encontrou um jeito de impulsionar os recursos e contatos que tinha nos EUA para sustentar o mundo que descobriu e veio a amar na Amazônia. Essa união de mundos fica aparente entre os conselheiros da RUNA – que conta desde um ex-executivo que fazia logística global para a PepsiCo e depois fundou a água de coco ZICO, Tim Sullivan, até os próprios índios mais experientes das tribos da Amazônia que vendem as folhas de *guayusa*.

## SAINDO DE CAMPO

Como vimos com a experiência de Gib Bulloch na Macedônia ou a aventura de Tyler Gage na Amazônia, um tempo fora pode dar um empurrão à criatividade e à reflexão porque você consegue sintonizar-se consigo de modo mais profundo. Cada vez mais esse "tempo de ermitão" é procurado por muitos jovens empreendedores que estão encontrando inspiração saindo totalmente de campo, pelo menos por períodos curtos de tempo. Fins de semanas e escapadas de "*detox* digital", nos quais as pessoas abandonam a tecnologia e conseguem espaço para reflexão, têm se tornado comuns. Como Michael Bachmann, que toca um desacelerador para empreendedores em Bali, nos disse: "Trata-se de arranjar espaço para cortar o ruído e refocar suas energias no que realmente importa. Ficamos tão distraídos e sobrecarregados pelo fluxo constante de informação que perdemos a noção do que é real".

Levi Felix, empreendedor de São Francisco, Califórnia, beneficiou-se desse crescente mercado. Felix administra *detoxes* digitais para empreendedores, assim como uma colônia de férias para adultos chamada Camp Grounded, nas florestas da Califórnia, onde as pessoas deixam seus smartphones para trás e desplugam.

Essas ofertas não são novidade. A experiência de desacelerar – dar um tempo da sociedade – é algo com que os humanos vêm brincando há muito tempo. Como o teólogo Henri Nouwen observa: "A solidão oferece energia para a transformação". Foi na solidão de Walden Pond que o desajustado Henry Thoreau conduziu seu famoso experimento sobre autoconfiança e escreveu: "Se um homem não acompanha o passo de seus companheiros, talvez seja porque escuta um ritmo diferente. Deixe que ele dance conforme a música que escuta, ainda que em outro tempo ou distante".

Cada vez mais os tipos de instinto ermitão romantizados por Thoreau estão começando a vazar para a jornada dos empreendedores. Esse estilo de vida não é necessário ou desejável para todo mundo, mas remover-se dos obstáculos e da negatividade pode ser uma dádiva no estágio do desenvolvimento, isso quando sua visão ainda está em formação. A solidão oferece espaço para incubar as visões, para retirar-se do que você já conhece ou acha que sabe. Às vezes, ao escapar das pressões da sociedade, dos ruídos todos da tecnologia, e nos removermos forçadamente do que se "faz" diariamente, podemos pensar e nos reconectar com um senso maior de propósito.

Um empreendedor que conhecemos em São Francisco, Zach Verdin, fez exatamente isso. Verdin e dois de seus cofundadores moraram numa ilha remota da costa de Seattle. Em troca de cuidar de um gato e 13 galinhas, a equipe recebeu abrigo e um espaço para incubar sua empreitada na internet. "Nunca falávamos do que estávamos fazendo como sendo uma *startup*. Estávamos numa missão para mudar o mundo e a rede para melhor", Verdin nos disse. Acabaram construindo uma plataforma chamada New Hive, que oferece uma "tela em branco" para autoexpressão. O conteúdo do New Hive varia de livros de arte digitais a GIFs berrantes, poesia e confissões pessoais. Ao contrário de outros sites de micropublicações como o Tumblr ou o Medium, o New Hive dá ao usuário uma página em branco para que ele expresse aquilo que quiser. Os usuários podem juntar texto, áudio, vídeo e imagens. A plataforma ainda está nos estágios iniciais, então seu sucesso continua incerto. Mas o que a história do New Hive mostra é o poder que passar um tempo fora da sociedade pode ter em catalisar a criatividade e a visão empreendedora.

"Ficar isolados nos deu tempo e espaço para discutir sobre nossos modos distintos de enxergar o mundo, trabalhar bastante sem distrações, meditar e fazer *brainstorming* em longas caminhas na natureza", Verdin nos contou. A *startup* tem um quê de existencial graças a esse tempo que eles passaram fora de campo. Enquanto algumas *startups* apenas buscam ganhar uma grana na próxima onda de redes sociais ou criar um *app* míope, o New Hive parece ter alma própria. "Estamos tentando manter um local na rede no qual a internet pode ser realmente esquisita", Verdin nos disse.

☠ ☠ ☠

A vontade de escapar não aparece apenas nos ermitões amadores ou aspirantes a empreendedor. Às vezes, ao deixar tudo para trás, você se força a radicalmente reinventar-se.

## DE ALUNO DE HARVARD A *EXPERT* EM ABDUÇÃO ALIENÍGENA[3]

O Dr. John E. Mack cresceu na cidade de Nova York nos anos 1930-40. Cursou a Oberlin College e formou-se médico pela Escola de Medicina de Harvard em 1955. Como psicanalista treinado, Mack passou os primeiros anos de sua carreira estudando problemas de desenvolvimento infantil e formação de identidade. Ensinou em Harvard por mais de 30 anos, e em 1977 ganhou o prêmio Pullitzer por seu livro sobre T. E. Lawrence, *A Prince of our Disorder* [Um príncipe de nossa desordem]. Mack era tão respeitado em seu campo de atuação que nos anos 1980 conseguiu acesso a figuras-chave da política para entender melhor os motivos da Guerra Fria. Amplamente considerado um clínico habilidoso, cofundou o Departamento de Psiquiatria do Hospital Cambridge, hospital-escola afiliado à Universidade de Harvard.

Ao longo de sua carreira, e por conta de sua especialidade, Mack sempre teve interesse por pessoas incomuns. Contudo, no final da década de 1980, ele se envolveu com pesquisas que não apenas prejudicaram sua carreira, mas também muitas de suas amizades. Ele começou a estudar abdução alienígena.

Quando teve o primeiro contato com o fenômeno da abdução alienígena, Mack teve suas dúvidas; ele se lembra

---

[3] Partes dessa história apareceram em CLAY, Alexa. "Growing Up Alien". In: *Aeon*, 17 jan. 2014.

de pensar que as pessoas que alegavam ter tido encontros com ETs *tinham* que ser malucas. Entretanto, começou a conduzir regressões hipnóticas em sua própria casa. Quanto mais passava tempo com esses pacientes, mais reparava que não tinham doença mental alguma.

Em 1994, Mack disse a um entrevistador: "Acho que isso é um verdadeiro mistério, e acho que aprendemos quando dizemos que não sabemos".[4]

Essa é uma das características do giro do desajustado: você não pode fugir do que não sabe. Sua curiosidade lhe força a embarcar em jornadas nas quais não tem todas as respostas. Fiel ao modo desajustado, Mack mergulhou fundo.

Uma das viagens de pesquisa mais convincentes para Mack e sua equipe foi para uma escola rural em Ruwa, Zimbábue. Na escola Ariel, 60 crianças de idades entre oito e doze anos alegavam ter visto OVNIs durante um recreio. As crianças recontaram a experiência de ter visto uma espaçonave e seres de grandes olhos pretos.

Dominique Callimanopulos, que foi assistente de pesquisa de Mack, nos contou: "Eu trabalhava com Mack na pesquisa sobre abduções, mas sempre fui um pouco cético. Mas quando ouvi aquelas crianças [do Zimbábue], soube que suas experiências eram reais. O que eles descreviam

---

[4] Entrevista com John Mack por Jeffrey Mishlove para o programa de TV *Thinking Allowed* (1994).

não era invenção. Eu tinha filhos pequenos e sabia quando eles mentiam, e aquelas crianças não estavam mentindo".

Mack e sua equipe acabaram entrevistando centenas de pessoas de diversas idades e histórias de vida que afirmavam terem sido abduzidas. Em vez de rotular essas experiências como uma nova desordem ou síndrome, Mack defendia que cabia a nós, enquanto sociedade, mudar nossas expectativas e percepções da realidade para dar conta do fenômeno, posicionamento esse que sofreu muita crítica.

"Isso não pertence a disciplina alguma", Mack explicou para um entrevistador em 1997. "Não tem a ver com saúde mental. Não tem a ver com física. Não tem a ver com religião. Não tem a ver com antropologia. Não pertence à história da ciência. E, entretanto, cada uma dessas disciplinas tem algo a contribuir. O fato é que se algo não cabe em nossas ideias de realidade – e, no entanto, as pessoas que estão tendo uma experiência que não tem cabimento são saudáveis, são sinceras, não têm nada a ganhar com isso, estão realmente abertas a outras realidades –, então me parece que é responsabilidade dos acadêmicos começar a questionar as noções de realidade."[5]

Mack considerou a dificuldade da sociedade de dar conta da experiência de abdução uma deficiência cultural.

---

[5] John Mack entrevistado por Roméo DiBenedetto, M.Div, no programa de TV a cabo *Emerging Renaissance*, em 1997.

Os abduzidos não eram doentes mentais nem malucos, era o que ele defendia – "nós simplesmente não tínhamos um modo de interpretar essas experiências segundo nosso ponto de vista do mundo".

Alguns dos principais críticos de Mack questionaram o uso que ele fazia da hipnose. Atendo-se à teoria freudiana da repressão – que sustenta que a mente pode banir lembranças traumáticas para impedir que vivenciemos a ansiedade –, muito da pesquisa de Mack invocava a ideia de lembranças recuperadas, pelas quais, por meio da hipnose, um paciente poderia retornar ao trauma reprimido e relembrar-se de detalhes adicionais da experiência de abdução, que anteriormente à hipnose poderia ser conhecida pelo paciente apenas como uma série de fragmentos bizarros e confusos. A questão era se essas lembranças reprimidas eram meros artefatos da mente ou lembranças legítimas. A tendência de Mack em direção a uma interpretação mais literal das experiências de seus pacientes com alienígenas era controversa.

A transição de Mack para a pesquisa da abdução alienígena foi um giro profundo. Conforme foi se aprofundando nos estudos, ele percebeu que a ciência tradicional era limitada para explicar muitas coisas do cosmos. Essa conclusão colocou-o em conflito direto com seu departamento, e muitos de seus pares lhe deram as costas, considerando o trabalho dele "desviado demais". Isolado da família e em conflito com o sistema acadêmico, Mack pôde pedir ajuda a outras pessoas. Entre estas estava o filantropo Laurance Rockefeller, que ajudou a financiar seu trabalho; o ator Woody Harrelson também foi falar com ele; e o advogado e professor de Direito de Harvard Alan Dershowitz, que defendeu seu direito de liberdade acadêmica.

Em 1994, o reitor da Escola de Medicina de Harvard reuniu um comitê de colegas para investigar os estudos de Mack. Foi, de fato, uma inquisição, que fez com que ele se sentisse perseguido e incompreendido. Embora no fim das contas o reitor tenha reafirmado a liberdade acadêmica de Mack perante o comitê, o estrago já fora feito.

Numa entrevista nesse mesmo ano, Mack respondeu aos críticos, dizendo:

> [Uma] crítica que escuto é que sou um "crente", que é uma questão de fé e religião, e não de ciência e empirismo. Eu questiono e desafio essa noção com veemência. Cheguei ao meu entendimento atual usando cada pedacinho de habilidade clínica e psicológica que tive à minha disposição em meus mais de 40 anos na área, e então concluí que esse fenômeno é, de algum modo, real. Não saí por aí chutando. Não se trata de crença. Trata-se da evolução do meu pensamento por meio do meu trabalho clínico. Se usei toda a minha psique? Minha intuição?

Sim. Acho que é isso que um bom profissional de saúde mental deve fazer.[6]

Conforme sua credibilidade profissional vacilava, Mack foi ficando mais ansioso e irritado. Como Callimanopulos nos disse, "não foi fácil para Mack superar a má vontade dos outros dentro de instituições que ele ajudou a construir". Embora sempre tenha sido meio desajustado, Mack coexistira produtivamente dentro desses sistemas formais. Quando as instituições questionaram a integridade dele, Mack procurou por novos aliados. Ele aumentou sua rede e criou relações com colegas e amigos de mentalidade semelhante. Para qualquer um que se engaja num giro profundo, manter um grupo de apoiadores que realmente o enxerga, que pode apoiá-lo durante as transições e o ajude a lidar com a negatividade é essencial.

É preciso também aprender a lidar com a negatividade alheia. Não se contente em ser o peixe fora d'água, solitário e incompreendido. Se você troca de direção, leve pessoas junto nessa jornada. Use uma linguagem que eles entendem, e não se frustre se não conseguir logo de cara. Seja paciente e saiba que qualquer giro pessoal envolve ambiguidade. E o desconhecido pode deixar qualquer um desconfortável.

---

6   John Mack entrevistado por Russell E. DiCarlo, 1994. Publicada em: DICARLO, Russell (org.). *Towards a New World View: Conversations at the Leading Edge*. Erie, Pennsylvania: Epic Publishing, 1995, p. 303-312.

No âmbito pessoal, nem sempre foi fácil para Mack manter esses pontos de vista diferentes dentro de si. Ele não sabia muito bem como comprometer-se totalmente com a ideia de que desafiavam o treinamento ao qual ele devotara o trabalho da vida toda. Mas o intelecto ousado que distinguira sua carreira científica tornara impossível para ele desviar-se de um trabalho que oferecia questões tão pungentes sobre a identidade humana e a realidade cósmica. O desvio de Mack das crenças de seus colegas e sua busca nada convencional renderam-lhe a reputação de "aquele professor de Harvard que acredita em ETs". Contudo, sua busca apaixonada juntou uma comunidade de apoio que foi vital para sua sanidade e bem-estar.

A história de Mack ilustra os perigos potenciais do giro. Por mais romântico que pareça, sair por aí enfrentando moinhos de vento *à la* Dom Quixote não é brincadeira. De fato, o papel de desajustado pode ser taxativo. Mas John Mack não teve medo de fazer perguntas grandiosas. A história talvez o julgue de modo mais favorável pela coragem de lutar publicamente para defender a existência de alienígenas. Mas para muitos que considerem dar um giro, a história dele mostra o desafio enorme que é desviar-se demais. Conforme Mack foi se aprofundando na consciência dos abduzidos, ele foi ficando cada vez mais isolado do mundo de Harvard e do sistema científico.

Para muitos desajustados, o processo de inovação pode não ser tão glamouroso. Gratificação instantânea e aceitação de ideias são raras. Às vezes acabamos viajando longe demais no futuro, encontrando-nos fora do que a realidade pode aceitar.

Muitos dos desajustados deste capítulo que embarcaram em extraordinários giros pessoais enfrentaram controvérsia ou não foram compreendidos, como no caso do Dr. John Mack ou Antonio Fernandez. Em outras instâncias, como na história de Gib Bulloch, o giro que levou para longe do sucesso comercial significa que esses desajustados ainda precisam provar a que vieram, presos que estão na batalha para fazer com que a sociedade (ou uma empresa) os veja e valorize.

Ainda assim, essas histórias mostram como a crença firme, o comprometimento a valores essenciais e a relutância em deixar que as opiniões dos outros ditem a existência de alguém podem ajudar as pessoas a dar um giro pessoal que leve suas vidas a uma direção nova e finalmente mais pessoalmente realizadora, ainda que nem sempre seja totalmente compreendida.

PARTE 3

# A REVOLUÇÃO DESAJUSTADA

CAPÍTULO 7

# SEGUINDO A TRILHA DOS DESAJUSTADOS

Jason Clay cresceu numa fazendinha em King City, Missouri. Aos quatro anos de idade, ele já plantava batatas e dirigia um trator. Com seis irmãos, Clay aprendeu desde cedo como era ser pobre. Mas a pressão aumentou quando ele fez 15 anos e o pai morreu em um acidente com trator. Isso deixou Clay responsável por tocar a fazenda da família com a mãe, enquanto frequentava o Ensino Médio e participava de diversos esportes – futebol americano, basquete e corrida.

Hoje, Clay é vice-presidente sênior da World Wildlife Fund (WWF) e lidera trabalhos com administração de agricultura em todo o planeta. Ele também teve seu papel na criação deste livro, em certo sentido biológico, visto que é pai de Alexa Clay. Desde pequena Alexa testemunhou em primeira mão como é a vida de um desajustado.

Ano passado, após quase uma década de trabalho, Jason Clay conseguiu que 15 empresas de pesca de salmão – que representam quase 70% da produção mundial desse peixe – se comprometessem a consegui-lo de modo sustentável até 2020. Clay encontra-se regularmente com CEOs de empresas grandes para ajudá-los a entender como questões e tendências globais afetarão suas empresas. A jornada dele, contudo, de pequeno fazendeiro e jogador de futebol americano a uma posição na qual exerce cada vez mais influência no modo como vivemos num planeta finito nem sempre foi fácil.

Clay acredita que seu histórico na fazenda moldou seu modo de pensar. "Como fazendeiro, você aprende que a perfeição é inimiga do que é bom. Bom, pra mim, é suficiente. Os fazendeiros têm que resolver problemas de modo criativo." Por ter crescido com tão pouco dinheiro, ele aprendeu a agir de modo frugal, algo que coloca em seu trabalho atualmente. "Você pode resolver problemas sem apenas jogar dinheiro neles. Em geral, trata-se menos do que pensar, mas como pensar."

Trabalhando com a Coca-Cola, por exemplo, Clay desafiou a empresa a pensar sobre o consumo de água de outro jeito. Porém, o foco não era o uso de água para a fabricação de garrafas, mas na produção de açúcar, já que o consumo de água nessa etapa específica pode ser 50 vezes mais intenso do que no da fabricação de garrafas. O que Clay tentou fazer com que as empresas entendessem é que muitos dos maiores impactos ambientais acontecem fora do controle delas. Logo, uma estratégia importante é trabalhar junto a seus fornecedores.

Aos 18 anos, Clay – após ser a primeira pessoa da cidade a fazer o SAT, um teste que os norte-americanos precisam fazer para entrar nas faculdades – ganhou uma bolsa para estudar na Universidade de Harvard. Ele se sentiu um peixe fora d'água assim que chegou. "Não encontrei nenhum fazendeiro aqui", disse ele. "Mas não era só que eu era pobre, eu não tinha as mesmas vivências das outras pessoas. Não esquiava, não passava as férias de verão na Europa." Embora ele tivesse vivido grandes experiências, sua jornada não se conectava à dos colegas. Academicamente, Clay enfrentou outra curva fechada: escrevera apenas uma redação na escola. A vida na cidade pequena resumia-se mais à tradição oral. Após ler seu primeiro trabalho, o instrutor de redação do primeiro ano perguntou se o inglês era a língua nativa de Clay.

Clay percebeu que tinha interesse pela antropologia em parte porque, para ele, a vida em Harvard era como zanzar entre uma tribo amazônica. Ele aprendera os costumes – como pensar antes de falar, como comer corretamente e quais utensílios usar. Aprendera também a ser frugal perante a afluência. Ele levou dois meses para pagar uma conta de telefone, por exemplo.

Na antropologia, ele descobriu que sua identidade de intruso podia ser útil – que observar culturas e como elas operam era parte importante de entender o mundo. Aprendeu também (para sua surpresa) que podia ganhar dinheiro usando a cabeça, em vez das mãos. Acabou fazendo pós-doutorado em Antropologia na Universidade de Cornell, focando sua pesquisa em pequenas fazendas do Brasil. "De diversos modos, identifiquei-me mais com esses fazendeiros do que com meus colegas de Harvard. Conhecia o mundo deles, quais eram as preocupações e que perguntas fazer. Tínhamos história de vida similar – plantávamos, cuidávamos e colhíamos. Todos sabíamos quão caprichoso é o clima, por exemplo."

Após retornar do Brasil, Clay tentou dar aulas em Harvard e depois trabalhou para a U.S. Agency for International Development, mas sentiu-se sufocado por ambas. Nenhuma das duas o permitia continuar aprendendo. Então ele resolveu voluntariar-se para o Cultural Survival, grupo de direitos humanos que trabalha com indígenas em todo o mundo. Após tornar-se especialista em denunciar violações aos direitos humanos e predizer o número de sacos para corpos necessários nos campos de refugiados, Clay acabou conhecendo Ben Cohen, da Ben & Jerry's, após um evento beneficente do Grateful Dead em prol das florestas tropicais. Juntos, eles tiveram uma ideia para ajudar pessoas que moram de modo sustentável nessas florestas: um novo sabor de sorvete (Rainforest Crunch) do qual a Ben & Jerry's poderia doar parte do lucro das vendas para habitantes das florestas no Brasil. Gerar renda para os povos indígenas não apenas provava o valor da floresta tropical, mas também permitia que essas comunidades tivessem dinheiro para contratar advogados que defendessem seus direitos de posse da terra contra empresas invasoras.

Essa experiência levou Clay a tornar-se um pioneiro no marketing da floresta tropical. Em 1989, ele criou um braço sem fins lucrativos do grupo de direitos humanos Cultural Survival, que comprava frutas, castanhas, mel, pigmentos e especiarias das comunidades indígenas da Amazônia. Dentro de quatro anos, conseguiram triplicar o preço que pagavam aos produtores de castanha do Brasil, e o resto da indústria respondeu duplicando o próprio preço. Foi um modelo similar ao que Tyler Gage começou com a RUNA, mas Clay já defendia essa ideia nos anos 1980, antes de se ouvir falar de livre-comércio ou certificação. Clay formou parcerias com marcas como a Ben & Jerry's, o Body Shop, Odwalla e Stonyfield, mas enfrentou muita crítica de gente mais interessada em preservar a cultura indígena em vez de gerar formas de sustento para essas comunidades.

Eventualmente, Clay foi julgado por minar a intenção da Cultural Survival de documentar as dificuldades do povo indígena por ter passado a ser mais um negócio. A empresa comercial dentro da ONG demandava milhões de dólares para funcionar, e a diretoria em Harvard não ficava confortável supervisionando tal empreitada, então ele foi demitido. Tinha levado seus empregadores muito além da zona de conforto. Ademais, seu trabalho andava recebendo atenção exagerada, e o fundador da Cultural Survival passou a vê-lo como uma ameaça. Clay lembra-se de chorar de frustração. Mas reconheceu o desafio de fazer algo que ninguém nunca tinha feito. O conflito ajudou-o a desenvolver uma carapaça forte. Ele se recolheu, regenerou-se e procurou o conforto da esposa, dos amigos mais próximos e aliados que acreditavam nele e na mudança que ele tentava gerar no mundo.

Atualmente a ideia de Clay é mais aceita. "Conectar produtores locais com mercados internacionais tornou-se estratégia básica para geração de renda. Não é mais controversa", Clay nos disse. Após décadas de trabalho duro, Clay encontrara um público. É palestrante frequente de TED e trabalha com CEOs importantes da Unilever, Mars, General Mills, Nutreco, Rabobank, McDonald's, Cargill e até mesmo do Banco Mundial com agricultura sustentável. Sua abordagem também mudou. Ele aprendeu a operar de modo desajustado dentro do sistema.

Clay agora é mais compromissado em encontrar as pessoas onde estão, em vez de forçar sua visão sobre elas e ficar frustrado por não aceitarem sua perspectiva. "Você precisa escutar duas vezes mais do que fala, porque enquanto as pessoas estiverem preocupadas com os próprios problemas, elas nunca verão questões maiores."

Isso é algo que ouvimos de diversos desajustados que trabalham dentro de grandes empresas, como David Berdish, na Ford, ou Gib Bulloch, na Accenture. É importante entender as políticas e motivações das pessoas com quem se trabalha e das pessoas que você está tentando influenciar. Muitas delas operam de uma posição de medo – de fracassar, ferir a reputação, ou mesmo do desconhecido. E então você precisa ser capaz de parar e se perguntar: o que motiva uma pessoa mais profundamente? Como posso entender melhor o ponto de vista dela? Não se esqueça de virar esse espelho para si mesmo e entender os vieses e medos que você mesmo traz a uma situação.

Ser um desajustado requer que você tenha um pouco de consciência dupla: que seja capaz de enxergar a lógica e a racionalidade dos pontos de vista dos outros, ainda que mantendo sua convicção. É preciso ter também perspectiva de longo prazo. O hackear, o provocar ou o jeitinho que você está tentando trazer ao mundo pode demorar um pouco para encontrar aceitação. Isso é algo que Clay conhece muito bem. "Não existe escassez de ideias. Às vezes elas morrem. Às vezes eu as ressuscito dez a vinte anos depois e tiro a poeira quando o clima está mais receptivo ou quando sei como fazer uma apresentação melhor."

Com o tempo, Clay acabou apreciando os instintos da cópia. Ele reconheceu que podia gerar muito mais ideias do que poderia pôr em prática, então começou a partilhar suas ideias em vez de prender-se a elas. Para ele, ideias são como sementes, e o cérebro, como solo: às vezes as sementes criam raízes, às vezes elas perecem, e às vezes ficam dormentes por anos antes de brotar.

    Parte do que firmou Clay durante os altos e baixos da jornada desajustada ele credita às raízes que tem na fazenda. "Aprendi a criar minhas próprias oportunidades, mas também a largar mão das coisas que não funcionam", disse ele. "Não deixei que o dinheiro guiasse a minha vida, e me mantive focado nos resultados que queria." Ele nos contou que, enquanto fazendeiro, você entende que o fracasso é inevitável. Às vezes o fracasso pode ocorrer pelos seus próprios esforços, mas frequentemente acabam ocorrendo por causa de algo que está além do seu controle. Você pode ter uma temporada ruim: chuva demais ou de menos, por exemplo. Clay disse que aprendeu a recuperar-se depois de desapontar-se e tentar de novo. Mantinha um malabarismo intenso, não investindo muita energia num único projeto ou iniciativa. Esse tipo de diversificação foi algo que ele aprendeu sendo fazendeiro. Aos quatro anos, ele já aprendia sobre a dispersão de risco ao plantar diferentes plantas que vão bem sob condições diversas.

## **Transformando as culturas ao seu redor**

    O que desajustados como Jason Clay ou Chas Bountra, que está construindo nossa capacidade coletiva de pesquisa e desenvolvimento no setor farmacêutico, ou as brincalhonas feministas de barba do La Barbe têm em comum é que não são inovadores solitários trabalhando num vácuo para aumentar o sucesso de suas ideias; trabalham para transformar as culturas ao redor.

Ao pensarmos em como aplicar as habilidades do jeitinho, de hackear, copiar, provocar e girar em nossas vidas e no trabalho, deparamo-nos com um desafio muito maior do que modelar um comportamento ou mentalidade. Deparamo-nos com a enormidade de sistemas e normas mutantes ao nosso redor. E isso pode ser um processo muito mais lento.

Mandar Apte, engenheiro químico, está buscando mudar a cultura da Shell. Apte levou mais de uma década para ganhar credibilidade e construir relações enquanto atuava como técnico em produção, tecnologia e estratégias de gás e óleo. Isso antes de ter a ideia original de usar um programa de aprendizado baseado na meditação para desenvolver colegas e nutrir a cultura de inovação da Shell. Para realmente infectar a cultura da companhia, ele trabalhou inicialmente com as secretárias da empresa para conduzir um workshop teste de uma hora. Logo esses workshops estavam sendo organizados em todos os níveis, em diversos departamentos. Desse ponto ele foi capaz de juntar impulso suficiente para conseguir apoio da gestão para projetar e realizar o programa. Quando este livro foi escrito, mais de dois mil funcionários da Shell já tinham participado dos módulos de aprendizagem baseados em meditação por todos os escritórios da empresa no Reino Unido, Brasil, EUA, Holanda, Malásia, Índia, Singapura e nos Emirados Árabes Unidos.

Apte está testando também o benefício da respiração usada na ioga e as técnicas de meditação para incrementar a cultura de segurança na Shell, algo de importância crucial na indústria de óleo e gás. Como parte da investigação, motoristas de caminhões da Shell na Índia e operários de uma refinaria na Louisiana estão participando do programa-piloto. Se os resultados desse experimento forem positivos, eles garantirão maior segurança no ambiente de trabalho em muitas indústrias nas quais o foco e a atenção à tarefa são chave para o sucesso – por exemplo, na mineração, na construção, na cirurgia médica.

Outros tipos de "hackeamento de cultura" podem ser atos mais simples de insurgência. Haidi McDonald, designer de videogames, decora sua mesa no trabalho com um navio pirata e está planejando fazer uma tatuagem de caveira e ossos. David Berdish, que queria reinventar a mobilidade na Ford, foi sempre muito aberto no trabalho com relação à sua fé no catolicismo. Às vezes a mudança mais simples que podemos realizar numa cultura é levar nossas paixões e valores ao trabalho.

Para McDonald, os piratas "representam independência e aventura. Você tem a liberdade de fazer as próprias regras, e sua vida depende de seu jogo de cintura", ela nos disse. A designer leva esses valores dos piratas ao trabalho diariamente. Mas, como disse, "não tenho que me preocupar em brandir minha bandeira da esquisitice; toda a indústria dos *games* é comandada por *geeks* e desajustados".

Trabalhando numa indústria mais tradicional, Berdish atribui muito do seu sucesso em desenvolver práticas de direitos humanos na Ford a sua espiritualidade. Alguns outros membros de sua equipe também foram sinceros com relação ao que creem. Como ele nos disse: "Tínhamos um compromisso com os direitos humanos por causa de nossa fé". Para Berdish, a espiritualidade é algo que pode e deve estar mais visível no ambiente de trabalho. "Deixar sua espiritualidade para fora é o mesmo que deixar seu próprio ser. Você precisa trazer sua alma ao trabalho."

O sucesso do programa de meditação de Apte também se deve ao fato de ele trazer autenticidade e valores ao local de trabalho. Praticante ativo e treinador de meditação, Apte achou natural partilhar a antiga prática da meditação com os colegas de trabalho. Pode parecer óbvio, mas ao nos permitir trazer nossos valores ao trabalho, ajudamos a modelar culturas das quais fazemos parte em vez de nos conformar com elas. Uma significante maioria de desajustados com quem falamos (tirando os criminosos, claro) tinha em comum esse compromisso com a autenticidade.

Como o músico de jazz Harold O'Neal nos disse: "Sinto que todos são únicos. Se somos nós mesmos, então somos todos desajustados. Faço o melhor que posso para ficar conectado com o que está rolando dentro de mim para me manter sintonizado com minha singularidade". Ser capaz de virar-se para dentro e escutar-se profundamente, do modo como O'Neal descreve, é libertador, mas é também um grande salto para quem não está acostumado. Você precisa dar-se permissão para pôr de lado papéis e aparências. Precisa encontrar a coragem para cavar por entre todas essas camadas que a sociedade coloca sobre você e tentar redescobrir sua verdadeira vocação. Precisa acostumar-se a não mais misturar-se ao bando cegamente. E seguir a trilha da ovelha negra por toda uma vida pode ser um grande desafio.

## Os altos e baixos da determinação dos desajustados

Após deixar seu prestigioso trabalho no Hospital Geral de São Francisco, o Dr. Gary Slutkin passou dez anos trabalhando para conter a dispersão de doenças infecciosas na África. Esgotado após uma década, não suportava mais presenciar tanta morte e doença. "A morte nas epidemias causa um impacto diferente – tem não só medo envolvido, mas pânico. Ouvi repetidas vezes centenas e milhares de mulheres gritando no deserto", ele nos contou.

Depois de trabalhar tanto em circunstâncias tão duras, Slutkin só queria voltar para casa e começar de novo. "Sentia-me fisicamente exausto, sofrendo com a mudança de horário e isolado emocionalmente", ele nos disse. Seu trabalho com o Cure Violence também demanda uma grande quantidade de energia e perseverança. "Conseguir que o sistema repense completamente sua abordagem perante a violência gera todo um conjunto de respostas."

Para manter-se são, Slutkin encontrou melhores maneiras de gerenciar sua energia. "Sou muito sensível para com o modo como me sinto – especialmente se sinto que estou me sobrecarregando. Se estou falando demais, pensando demais, sinto que estou na sobrecarga, e que é hora de dar uma caminhada ou diminuir o ritmo." Slutkin cria um espaço em branco para si mesmo. Em geral coloca espaços na agenda nos quais não se permite fazer nada. Nessas horas, "o cérebro tem chance de processar tudo que aconteceu. Não é apenas meditar e refletir, mas parar de assimilar. Parar de ler, parar de falar e parar de ver notícias".

Catherine Hoke, a desajustada que criou a Defy Ventures para conectar ex-gângsteres com oportunidades de empreendimento, sempre foi incrivelmente desafiada pelo trabalho. Com o Programa de Empreendedorismo na Prisão, que ela começara antes da Defy, Cat colocou-se muitas vezes à beira da exaustão. Era tão focada no sucesso do programa que o primeiro casamento não deu certo, e ela ficou se sentindo desesperada e sozinha. "O PEP crescia tão rápido; eu almoçava em postos de gasolina porque não tinha tempo. Minha saúde estava se deteriorando, e eu, caindo aos pedaços com todo aquele estresse."

Alguns dos ex-alunos de Hoke acabaram cuidando dela durante o divórcio. "Esses caras que saíram da prisão eram aqueles com os quais eu me sentia confortável sendo verdadeira e frágil." Nessa situação de fragilidade, Hoke acabou relacionando-se intimamente com alguns desses ex-alunos e abandonou seu posto no empreendimento, o que trouxe toda uma nova onda de escuridão na qual ela chegou a questionar se valia mesmo a pena viver. Hoke admite que tinha medo de mostrar fraqueza e ser julgada ou condenada por suas ações. "Odiava a mim e à minha vida. Tinha perdido minha identidade (como esposa), perdido minha profissão (no PEP) e não tinha dinheiro algum."

Logo após demitir-se publicamente e admitir que tivera tais relações com os ex-alunos, Hoke recebeu mil cartas de amor e apoio de pessoas que a admiravam. Ela considera seu círculo de amizades e seus apoiadores – assim como sua fé – essenciais para sua recuperação. "Deixei o Texas e o PEP sem nada. Como numa triste música *country*. Investira as economias da vida toda no programa. Cheguei a Nova York, os amigos me levantaram, e comecei a me reerguer aos poucos."

Em Nova York, Hoke fez bastante terapia, cresceu espiritualmente e leu muito sobre graça, amor e redenção; procurou histórias de outras pessoas que deram a volta por cima. Porém, ela manda um aviso aos demais desajustados: "descubra se isso é a coisa certa para se dedicar. Se você não tem o máximo de convicção no sonho e na visão – se não acredita com cada pedacinho do corpo –, então não vale a pena". Para Hoke, nunca há um plano B. Ela dá tudo que tem à Defy Ventures. "É um caminho difícil. Porque você tem que vender sua visão o tempo todo para tanta gente que não enxerga o mundo como você."

Algo que Hoke aconselha aos desajustados que estão aprendendo a administrar sua determinação é acostumar-se à palavra "não". "Não deixe que ela acabe com você", diz Hoke. Agentes de uma das primeiras prisões nas quais Hoke tentou começar o programa de empreendedorismo disseram-lhe que a ideia era maluca demais. Ela se lembra de chorar por três horas. Atualmente, contudo, Hoke ficou acostumada a ouvir a palavra "não". Não gosta muito dela, mas não leva para o lado pessoal. "Consigo aceitar toda e qualquer crítica. Se sou criticada, vou perguntar às pessoas em quem confio. E não apenas àquelas que passam a mão na minha cabeça, mas principalmente às que me dão aquele empurrão e são honestas caso eu não esteja no caminho certo."

Tyler Gage, o jovem desajustado que passou um tempo na floresta antes de começar o negócio de vender chá da Amazônia, é outro para o qual não há plano B. "Rendo-me completamente à RUNA. Acho que um grande motivo pelo qual tivemos sucesso é não termos dormido. Demos nosso jeitinho. Não há tantos substitutos assim para o trabalho duro e a vontade de botar as coisas para acontecer." Gage ainda não chegou aos 30, e esse é seu primeiro empreendimento. Mas ainda que ele funcione sem dormir e tenha uma superdependência de cafeína (ele confessa), ele também passa alguns meses do ano na floresta, onde consegue descansar um pouco das tabelas de Excel e da loucura das vendas.

Antes de comprometer-se com algo que possa consumir toda a sua vida, você precisa se perguntar: "Isso é mesmo pra mim?". Gage, Rohr e Slutkin não conseguiam imaginar-se fazendo outra coisa. O sacrifício e o suor que colocam em seu trabalho é o que traz sentido e propósito às vidas deles. Por mais exaustivo que possa ser o trabalho, ele também lhes dá energia e profunda realização. O desafio para eles é lembrar-se de que nem sempre precisam estar na correria. Às vezes você precisa tratar seu trabalho como uma maratona, poupando sua energia nos primeiros quilômetros.

Ao mesmo tempo, o ritmo de vida pode ser muito desigual. Como Clay nos disse, "há momentos críticos em que você tem que agir imediatamente e nos quais não há tempo a perder. A vida te dá chances ilimitadas; você precisa tirar vantagem delas".

Comparado a alguns de nossos protagonistas, Clay enxerga-se como um verdadeiro desajustado; ele transitou entre redes muito diferentes: a academia, os direitos humanos, o meio ambiente e o setor privado. Ele também foi o primeiro a reconhecer que a jornada teria sido impossível se ele não tivesse uma esposa que não somente compreendia os motivos dele, mas também partilhava de seu senso de propósito. Para ele, essa jornada é melhor fazer junto de alguém.

## O PODER DE UM GRUPO

No mundo moderno, o desajustado não tem corporações para nutrir suas habilidades e evolução. Ele tem grupos. Para o gângster cercado por seus "associados", o capitão dos piratas que mora num navio cheio de "comparsas" ou o hacker politicamente motivado que encontra revolucionários que pensam do mesmo modo no mundo cibernético, ter um bando não apenas reforça a determinação, mas ajuda a levar as ideias a mais altos patamares.

Em seu modo mais simples, um grupo é como uma incubadora para cultivar o desajustado interior de cada um. Por meio de um grupo você pode descobrir uma rede de confiança que te liberta da pressão para se conformar. Um desajustado sozinho é um ermitão, alienado e separado do mundo. Um desajustado com uma comunidade unida pode ser muito mais influente.

Em 1921, o jovem aspirante a escritor norte-americano Ernest Hemingway mudou-se para Paris, onde enfrentou pobreza, bebeu sem parar, apaixonou-se e, tendo encontrado sua voz como escritor, tornou-se um verdadeiro inovador do mundo das letras. Contudo, sua transformação não é uma história de genialidade solitária; como muitos inovadores, ele deve substancialmente a um coletivo, notavelmente os expatriados que se juntaram em Paris na década de 1920.

Além do mito de um áspero individualismo que o cerca, Hemingway beneficiou-se do comprometimento, tutela e apoio de um pequeno grupo de pessoas – uma *entourage*, se preferir. Embora nossa cultura moderna tenda a associar essa palavra com celebridades e batedores, sua pura definição é mais lugar-comum, e refere-se não ao ranking ou importância da pessoa no centro do círculo, mas aos "associados" ou (segundo a palavra do francês antigo, *entour*) "arredores". Se ele não tivesse o apoio de quem estava sempre por perto, o mundo talvez jamais tivesse conhecido o escritor que Hemingway se tornou.

Os membros desse grupo eram diversos, mas unidos em seu apoio comum. Sherwood Anderson, escritor de Chicago, foi um dos primeiros a reconhecer o talento de Hemingway, apresentá-lo aos editores e atiçá-lo com a ideia de ir a Paris, dando-lhe todas as cartas de referência de que precisaria.

Havia também Sylvia Beach, da Shakespeare and Company. O que teria sido dele sem ela, que lhe emprestou dinheiro quando ele tinha fome de alimento, e livros, quando a fome era de inspiração? Havia também Ezra Pound, a quem Hemingway elogiava a bondade. "Ezra era um dos escritores mais generosos que já conheci", ele escreveu em *Paris é uma festa*. "Ajudava poetas, pintores, escultores e escritores de prosa nos quais acreditava, e ajudava qualquer um, acreditando ou não, que estivesse precisando."

Em *The Paris Years*, Michael Reynolds captura perfeitamente o espírito da *entourage* boêmia de Hemingway: uma comunidade de escritores e artistas que moravam todos muito perto, energizados por sua proximidade, pelo entusiasmo coletivo e pela ambição comum:

> Menos de duas quadras distante da mesa de Hemingway, o que restava de Charles Baudelaire e Guy de Maupassant jazia abaixo de memoriais de pedra no cemitério de Montparnasse. Numa caminhada de cinco minutos pelo Boulevard Raspail, Gertrude Stein e Alice Toklas planejavam a ceia de Natal. Perto dali, Ezra Pound lia um manuscrito a ele deixado por um jovem amigo de nervos exaustos, Tom Eliot, a caminho de um retiro em Lausanne. Eventualmente, Eliot o intitularia "The waste land". A menos de duas quadras do hotel de Hemingway, James Joyce vestia-se para comparecer a uma festa na livraria de Sylvia Beach, a Shakespeare and Company, onde celebraria as últimas revisões de seu manuscrito de *Ulisses*.

Havia também Gertrude Stein. Além de dar *feedback* a Hemingway sobre seus rascunhos iniciais, Stein foi essencial na ligação desses desajustados de pensar semelhante.

Todo domingo à noite, ela dava uma festa em seu apartamento no número 27 da Rue de Fleurus, em Paris. Entre os frequentadores estavam Picasso, Fitzgerald, Joyce, Matisse e, claro, Hemingway, entre outros. Fornecendo refúgio para a conversa e a inspiração, apoiando e nutrindo talentos, Stein começou um experimento em que os artistas, escritores, designers e empreendedores de hoje batalham para recriar. O grupo perfeito de escritores, o coletivo de artistas, a incubadora de empreendimentos, um grupo de rap, o espaço de *coworking* e o coletivo de hackers... são todos imitações das festas de Stein. Todos buscam a transformação por meio da conexão; todos buscam transcender o isolamento que pode acompanhar o processo criativo. A verdade sobre a *entourage* é que deixamos nossa marca no mundo não somente enquanto indivíduos, mas também ajudando os outros.

## Culturas de informalidade

Se existe algo que os desajustados mais precisam (além de um grupo) é de um ambiente que ofereça flexibilidade. O que Gib Bulloch procurou na Accenture foi um ambiente receptivo para suas ideias – uma cultura corporativa na qual ele pudesse reinventar a descrição de seu trabalho. O que faz provocadores como o Yes Men, La Barbe e o UX florescerem é um espírito de improvisação para operar fora dos sistemas tradicionais. Os piratas de antigamente podiam inventar novos sistemas de governança a bordo de suas embarcações. Os desajustados precisam de espaço para viver segundo regras próprias.

Isso significa que, se queremos liberar o poder dos desajustados, então nossas instituições formais precisam começar a se tornar melhores "hospedeiras". A exposição popular em festivais como o Burning Man, movimentos como o Occupy, coletivos de hackers e espaços de *coworking* construídos em torno de princípios igualitários mostram que as expectativas do local de trabalho estão mudando. Ao verem situações de comando e controle, os desajustados fogem em disparada.

Este é um dos interessantes efeitos colaterais do movimento Occupy observado pelo jornalista Nathan Schneider: "Quando o pessoal do Occupy voltou ao trabalho, eles perceberam como seus locais de trabalho eram geridos sob tão pouca democracia. O Occupy deu às pessoas vistas a um jeito diferente de fazer parte de uma organização – em que participação e a autodeterminação eram tudo".

Esse descontentamento é algo que o pensador dos negócios e auditor Dov Seidman observou também:

> Como a maioria dos movimentos de protesto, os participantes do Occupy Wall Street estão demandando livrar-se do sistema atual. Muitos funcionários querem liberdade para comandar e controlar chefes

e empregos baseados em tarefas, e liberdade para contribuir para o caráter destes, por um espírito criativo e colaborativo no trabalho em busca de uma missão baseada em valores que valha a dedicação.[1]

Com muitos empregados cansados dos sistemas de comando e controle, algumas empresas procuraram abolir hierarquias e funções de maior formalidade. A Valve, de Seattle, é uma empresa bilionária de jogos (como o *Half-life* e o *Portal* e a plataforma de distribuição de software Steam) que funciona sem hierarquia corporativa. Ao invés de uma autoridade tradicional, os empregados da empresa têm de ser incrivelmente automotivados. Cada um é levado em consideração para o sucesso ou o fracasso da empresa. Os funcionários são encorajados a trabalharem juntos em auto-organizadas "panelinhas de trabalho".

Os salários são baseados na reputação. Os funcionários que trabalham num mesmo projeto ranqueiam as habilidades um do outro de colaborar, de utilizar a técnica, e avalia-se a performance em geral. Esses *rankings* são usados para criar uma tabela que determina quanto cada empregado vai receber.

A Semco, fabricante líder de mercado e uma das empresas que crescem mais rápido no Brasil, está experimentando

---

[1] SEIDMAN, Dov. "Rethinking Occupy Wall Street". In: *Forbes*, 21 out. 2011. Disponível em: <http://www.forbes.com/sites/dovseidman/2011/10/21/rethinking-occupy-wall-street/>.

uma abordagem similar permitindo que os empregados estipulem seu horário, salário e até o bônus.

Certamente, movimentos sociais ou coletivos de artistas como o Occupy e o La Barbe permitem que os indivíduos funcionem segundo diferentes culturas com mais descentralização e gestão coletiva. A questão é até que ponto essas subculturas influenciarão os locais de trabalho mais formais. Até o momento vimos que, ao vivenciar essas culturas alternativas e explorar hierarquias mais brandas, muitos têm vindo questionar os sistemas de comando e controle nos quais nascemos.

Lembram-se de Angelo Vermeulen, que comandou a missão de simulação de Marte? Ele testou diferentes modos de liderança, abrindo mão do papel de comandante, permitindo que diferentes membros da equipe liderassem por certos períodos de tempo e pedindo que cada um avaliasse a experiência. Vermeulen nos contou que aprendeu muito sobre a própria liderança durante a missão. "Um líder está sempre modificando uma situação segundo seus interesses para poder liderar. Enquanto líder, tenho essas necessidades para conseguir liderar. A interação social é uma das necessidades principais – e então parte da minha liderança vem par maximizar a interação social porque é parte do meu sistema de valores."

Ele questiona a ideia popular que equipara muito da cultura de exploração do espaço com a militar. Numa missão típica, o controle de solo dita a experiência do astronauta. E ele é, essencialmente, um operador. Mas Vermeulen está interessado em culturas mais horizontais e participativas. "Haverá um momento em que o controle de solo não poderá mais controlar cada minuto das vidas dos habitantes do espaço", ele nos disse. Como a Valve e a Semco estão explorando culturas mais autogovernantes de organização, Vermeulen acha que as mesmas culturas participativas podem viver a bordo de espaçonaves e governar futuras colônias espaciais. Mas como podemos trazer algumas dessas culturas experimentais para a terra?

## CAPÍTULO 8

# CONCLUSÃO

Pense num mundo futuro no qual a "revolução desajustada" já ocorreu. Como ele é? Como se chega lá? No mundo que imaginamos, as convenções são constantemente questionadas; os inovadores que usam abordagens diferentes não são apenas aceitos, mas celebrados. Um negócio não se resume mais apenas a conformar-se com as especificações de um emprego, mas em não impedir o desvio empreendedor e positivo dos empregados. A inovação não pode mais ser resumida ao aparelho mais recente, mas sim em acessar nossas necessidades mais profundas enquanto comunidade global. Os criminosos não são mais um peso para a sociedade; sua *expertise* não está mais trancada na cadeia, e sim valorizada e redirecionada em prol da sociedade. Os alunos não mais se esforçam para ajustar-se ao ambiente educacional para "consumir" conhecimento, mas dirigem os próprios estudos para desenvolver suas paixões e conhecimento em colaboração com outros.

Sejamos claros: isso não é uma utopia. É um mundo que está se revelando lentamente. As ideias desajustadas estão, cada vez mais, começando a vazar para a cultura formal. No mundo corporativo, Maggie de Pree é alguém que está tentando nutrir novos ecossistemas desajustados dentro de grandes empresas. De Pree fundou (junto a Alexa, coautora deste livro) uma rede chamada Liga dos Intraempreendedores, que reúne empreendedores desajustados de empresas da *Fortune 500*. A intenção dessa liga é gerar capacidade empreendedora dento de grandes empresas apoiando ideias desajustadas para criar valor para os negócios e a sociedade. Imagine um mundo no qual os ecossistemas corporativos se comportam um pouco como os das empreitadas desajustadas, libertando todos os talentos de seus empregados; no qual as hierarquias são superadas em prol das boas ideias.

Na área da educação, um grupo de pensadores emergentes chamado Wisdom Hackers [Hackers da Sabedoria] juntou-se para ver como criar uma comunidade de filosofia *peer-to-peer*. A intenção é construir um coletivo informal, muito como a estrutura do Anonymous ou um grêmio ou *entourage*, a fim de abrir espaço para que as pessoas lidem com grandes questões.

As ideias desajustadas começam também a invadir a formalidade no que tange à moradia. Noções *hippies* de cooperativas e "comunidades intencionais" estão sendo repaginadas para estilos de vida mais modernos. Em São Francisco, a Embassy Network é uma rede de espaços de moradia compartilhados na qual podem plugar-se profissionais muito ocupados com criação ou viajantes. Unidades de moradia em cooperativa de Berlim como a Lighthouse e a Hain 24 oferecem autonomia em seus apartamentos particulares, mas possuem áreas comuns e recursos para um grupo diverso de residentes, incluindo solteiros, famílias e retirantes.

Existem mais sinais de uma revolta desajustada? As raves matinais estão transformando o cotidiano do profissional urbano em Londres, Nova York, Barcelona e Tóquio. Em Paris, o espaço biohacker conhecido como La Paillasse oferece um laboratório público na comunidade para que os cidadãos tenham um gostinho de biologia e biotecnologia. E o número crescente de *freelancers* está tirando empreendedores de uma nova classe de gente criativa.

Embora alguns mercados e esquemas desajustados ainda estejam nascendo e lutando para ganhar apelo popular (por exemplo, o leite de camelo, a crença nos ETs, um duto que ligue prisões e o mundo do capital de risco), aos poucos, conforme todos nós começamos a "sair do armário" enquanto desajustados, está surgindo um mundo que aceita e nutre o que não é convencional.

# AGRADECIMENTOS

Este livro deve sua existência a um grupo incrível de desajustados espalhados pelo mundo que entregaram suas histórias de vida e nos ofereceram apoio e direção. Sem vocês, este livro nunca teria sido materializado. Obrigada. Obrigada à nossa incrível agente, Christy Fletcher, da Fletcher & Co., que foi uma fonte constante de força e conselhos práticos. Ao nosso editor, Ben Loehnen, que nos manteve junto dos mais altos padrões e tornou este livro muito melhor. A Laureen Rowland, que nos ajudou a escrever os primeiros rascunhos coerentes e fez de duas autoras de primeira viagem escritoras confiantes. E a Emily Loose, que acreditou neste livro desde o início e nos encorajou a continuar a empreitada de escrevê-lo.

Obrigada aos nossos amigos e colegas, que reconhecem e valorizam a importância das economias informais e improvisadas, incluindo Steve Daniels, Robert Neuwirth, Simone Ahuja, Navi Radjou, Garance Choko, Lee-Sean Huang e Adam White. A Peter Sims, por abrir as portas que escondem as "ovelhas negras" da sociedade e nos conectar com seu editor. A Maggie de Pree, por nos ajudar a mergulhar no mundo dos desajustados corporativos. E a Lance Weiler e Tim Leberecht, por serem fontes de inspiração e conexão.

O tempo que passamos na Índia teria sido um desastre se não fosse pelo apoio e orientação de Jairaj Mashru. Obrigada por seu comprometimento e crença neste projeto. E obrigada a Hussain por nos mostrar um pouquinho do mundo *underground* de Bombaim.

Em Nova York, temos que agradecer a Catherine Hoke, que nos convidou para conhecer incríveis ex-gângsteres e ex-traficantes de drogas que estão "transformando seu jeitinho" como parte do trabalho da Defy Ventures. A Antonio Fernandez, que compartilhou sua inspiradora história como líder dos Reis Latinos. A Israel e Fabian, que contaram suas experiências de vida no crime. E a Drusilla Lawton, que nos hospedou em seu maravilhoso apartamento em Park Slope, e a Illya Szilak e Chris Vroom, que estenderam sua hospitalidade em Williamsburg, Brooklyn.

Em Londres, temos que agradecer a Baillie Aaron, que compartilhou generosamente conosco seu trabalho como reintegradora de ex-criminosos à sociedade. Ao Point People, que nos deu constante amizade, pistas para pesquisar e apoio moral, especialmente Sarah Douglas, Cassie Robinson, Ella Saltmarshe, Anna Mouser, Hannah Smith e Eleanor Ford. Aos muitos hackers e cientistas da computação que contaram suas histórias de genialidade e travessuras, especialmente Sam Roberts, Nathaniel Borenstein e DM. A todos os colegas escritores do Prufrock Coffee e do Café Oberholz que sofreram conosco em episódios de bloqueio, assim como Asi Sharabi, que nos ofereceu uma mesa na qual trabalhar quando foi preciso. E finalmente, gratidão enorme, do fundo do coração, que sentimos por Fran Smith, por sua orientação bondosa, sábia e apaixonada ao longo do caminho.

Um grande obrigada aos nossos colegas da Kickstarter que ajudaram a tirar este projeto do solo – sem uma compromissada campanha de financiamento popular, nunca teríamos chegado até aqui. A Laura Gamse, nossa talentosa cineasta, que viajou conosco à Índia e à China e cujo pai diligentemente nos foi mandando material desajustado por e-mail ao longo da viagem. À comunidade de equipes e colegas da Ashoka, com os quais nos conectamos por todo o mundo. E aos membros da rede One/Thousand, que nos apoiaram durante toda a jornada.

Obrigada a Nathan Schneider por partilhar suas reflexões com relação ao movimento Occupy, e a Peter Leeson e Marcus Rediker, que nos falaram sobre a história dos piratas. Obrigada a David Kyuman Kim e Ken Knisely, influências filosóficas iniciais. Obrigada a Marvin Gaye Chetwynd por abrir nossos olhos ao mundo da arte performática, a Will Bueche por sua orientação e *feedback* sobre o estudo do Dr. John Mack sobre abdução alienígena, e a Gary Slutkin pelo trabalho incrível que está fazendo para curar o mundo de toda violência. A Mark Hay, Yusuf Mohamed Hasan e Jay Bahadur, que nos orientaram com a história dos piratas somalis, e a Walid Abdul-Wahab, Alicia Sully, Philippa Young e Sebastian Lindstrom por nos falarem do leite de camelo ao longo dos anos. A Jon Lackman e Lazar Kunstmann, por nos contarem sobre o UX e sua cultura infecciosa, e a Gaspard Duval, que nos levou 35 metros abaixo do solo em Paris. Aos talentosos ilustradores e designers gráficos Tom Jennings, Scott Roberts, Harry Mylonadis e Bernard Myburgh por conferir à edição original deste livro uma bela identidade visual. E a Paul Hyde Mezier, Fereshteh Amarsi, Mohamed Ali, Margaux Pelen e Laurent Billiers por sua ajuda valorosa com diversas traduções.

 Obrigada pelo amor e apoio de nossos amigos, especialmente Zach Verdin, Charlotte Saunders, Maricarmen Sierra, Lily Bernheimer, Krista Knight, Alice Shay, Elizabeth Sperber, Alexis Smagula, Freya Zaheer, Pedro Jardim, Antonin Léonard, Tomás de Lara, Jake Levitas, Rachel West, Adam Sobolew, Jolie Olivetti, Gwen Bueno de Mesquita, Ilana Savdie, Katie Tsouros, Sasha de Marigny, Tara Yip-Bannicq, Darren Ryan, William McQuillan, Samantha Prada, Natalie Chesler, Leyla Sacks, Nico Luchsinger, Eva Mohr, Tahnee Prior, Amanda Gore, e muitos, muitos outros

– demais para mencionar – em Sydney, Dublin, Berlim, Nairóbi, Londres e Nova York.

Obrigada às cidades de Londres e Berlim pelos incríveis refúgios criativos e inspiradores nos quais trabalhamos para lapidar este manuscrito e por serem ímãs de cultura *underground* e inovadora.

Finalmente, gratidão e amor incomensuráveis às nossas famílias, que nos deram constante amor, apoio e encorajamento. Este livro não teria sido possível sem vocês.

FONTE: Alegreya
IMPRESSÃO: Prol

#Figurati nas redes sociais

novo século®
www.novoseculo.com.br